cura pelos cristais

cura pelos cristais

Livro e cartas divinatórias

oráculos e magias para previsões e autoconhecimento

tiLLy Lister

Tradução
Denise de Carvalho Rocha

Editora
Pensamento
SÃO PAULO

Título original: *Crystal Healing.*
Copyright do texto © 2014 Quantum Publishing plc
Copyright da edição brasileira © 2018 Editora Pensamento-Cultrix Ltda.
Publicado pela primeira vez por Sweet Water Press mediante acordo com Quantum Books, 6 Blundell Street London, N7 9BH
Impresso na China.
1ª edição 2018.
2ª reimpressão 2022.
Todos os direitos reservados. Nenhuma parte deste livro pode ser reproduzida ou usada de qualquer forma ou por qualquer meio, eletrônico ou mecânico, inclusive fotocópias, gravações ou sistema de armazenamento em banco de dados, sem permissão por escrito, exceto nos casos de trechos curtos citados em resenhas críticas ou artigos de revista.
A Editora Pensamento não se responsabiliza por eventuais mudanças ocorridas nos endereços convencionais ou eletrônicos citados neste livro.

Editor: Adilson Silva Ramachandra
Editora de texto: Denise de Carvalho Rocha
Coordenação editorial: Roseli de S. Ferraz
Produção editorial: Indiara Faria Kayo
Editoração eletrônica: Join Bureau
Revisão: Vivian Miwa Matsushita

Dados Internacionais de Catalogação na Publicação (CIP)
(Câmara Brasileira do Livro, SP, Brasil)

Lister, Tilly
   Cura pelos cristais: livro e cartas divinatórias: oráculos e magias para previsões e autoconhecimento / Tilly Lister; tradução Denise de Carvalho Rocha. – São Paulo: Editora Pensamento, 2018.
   Título original: Crystal healing
   ISBN 978-85-315-2031-0

   1. Cristais - Uso terapêutico 2. Energia vital - Uso terapêutico 3. Esoterismo I. Rocha, Denise de Carvalho. II. Título.

18-17240   CDD-133

Índices para catálogo sistemático:
1. Cristais: Energia : Esoterismo 133
Iolanda Rodrigues Biode – Bibliotecária – CRB-8/10014

Direitos de tradução para o Brasil adquiridos com exclusividade pela
EDITORA PENSAMENTO-CULTRIX LTDA., que se reserva a propriedade literária desta tradução.
Rua Dr. Mário Vicente, 368 – 04270-000 – São Paulo – SP
Fone: (11) 2066-9000
http://www.editorapensamento.com.br
E-mail: atendimento@editorapensamento.com.br
Foi feito o depósito legal.

sumário

saiba mais sobre os cristais	7
de onde vêm os cristais?	8
energia dos cristais	11
o poder de cura dos cristais	13
chakras da cura	16
propriedades dos cristais	20
associações planetárias	22
sol	24
mercúrio	26
vênus	28
terra	30
lua	31
marte	33
júpiter	35
saturno	38
urano	39
netuno	40
plutão	41
divinação com cristais	43
princípios da divinação com cristais	44
tradições e técnicas	46
técnicas de visualização	52
a escolha da pedra pessoal	54
preparação para a divinação com cristais	62
métodos de divinação com cristais	66
escriação	70
radiestesia com o pêndulo	72
lançamento dos cristais	74
interpretação dos cristais	75
como usar o tabuleiro da bússola	78
como usar o tabuleiro astrológico	82
magia com cristais	87
invisibilidade e proteção contra o mal	88
abundância e plenitude	90
encantamento de cura	92
índice remissivo	94
agradecimentos	96

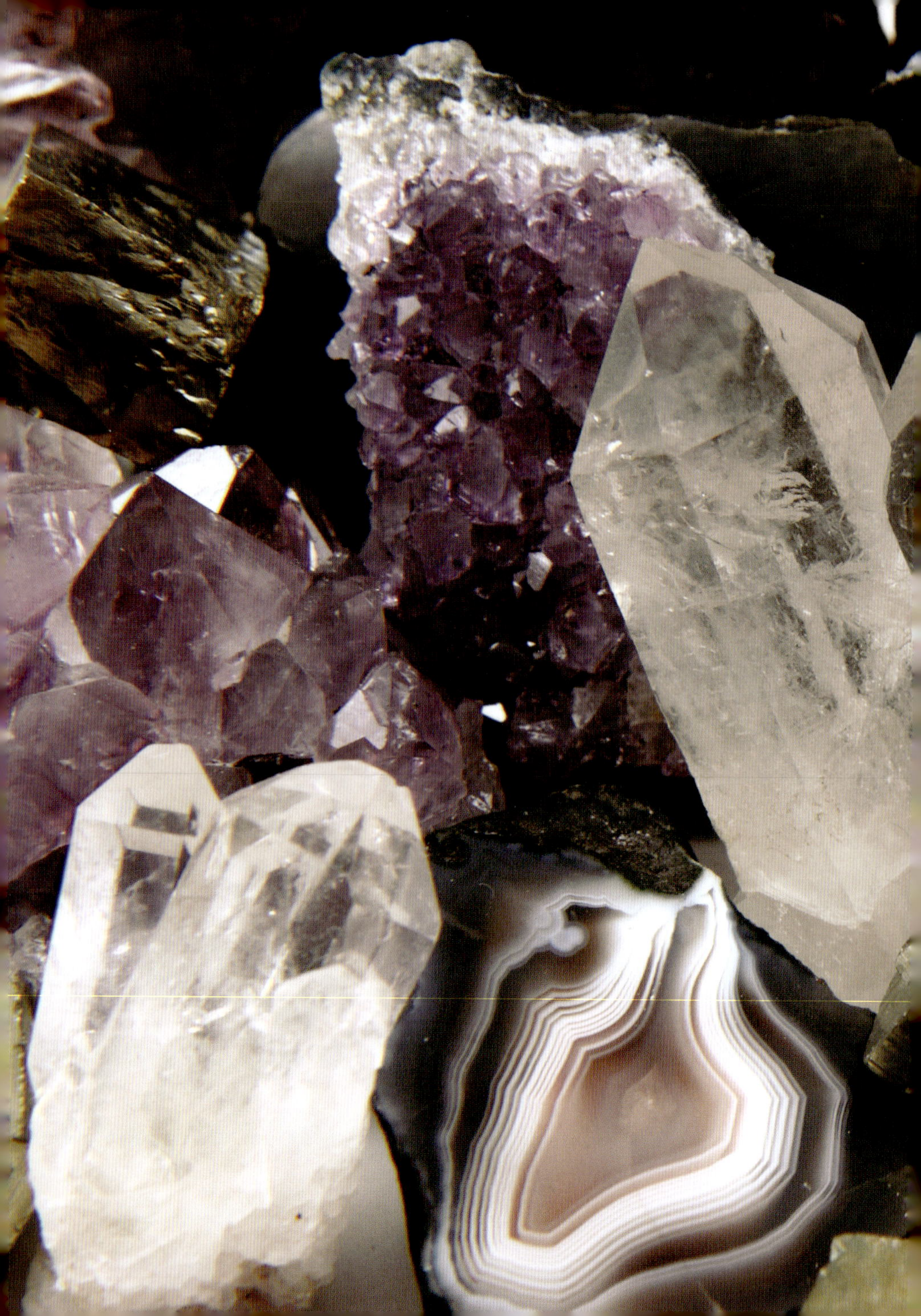

Saiba mais sobre os cristais

Os cristais são um mistério desde que foram descobertos pelos povos da Antiguidade. Suas cores e formas notáveis fizeram com que fossem reverenciados e dotados de significados espirituais ao longo das eras. Por serem uma das estruturas mais estáveis e ordenadas da natureza, essas pedras se tornaram o ponto focal de muitos métodos de cura e divinação, entre eles o costume de se usar amuletos de proteção ou de lançar pedras para prever o futuro. Os cristais são instrumentos maravilhosos, quando se quer explorar além do mundo que conhecemos, pois suas origens terrenas nos mantêm ancorados nos aspectos práticos da vida diária.

De onde vêm os cristais?

Os cristais estão em todo lugar à nossa volta. Nós os vemos na areia e nos pedregulhos das praias e até no sofisticado mármore polido da fachada dos prédios governamentais. Há séculos, pedras preciosas são garimpadas nos leitos dos rios e nas encostas de montanhas em que a erosão escavou fendas e cavernas. Os cristais são o resultado final de um longo processo; pode levar milhões de anos até que vejam a luz do dia.

Camadas em movimento

A Terra parece um planeta firme, sólido e estável, mas os continentes de rocha sólida sobre o qual vivemos, na realidade, não passam do fino envoltório de um interior dinâmico e turbulento. A própria rotação do planeta, sua órbita em torno do Sol e a influência da Lua e dos outros planetas produzem forças gravitacionais poderosas dentro dos massivos volumes de rocha do manto terrestre, fazendo com que suas camadas rochosas deslizem umas sobre as outras, num movimento contínuo.

Cristalização

A tensão pode fraturar as frágeis camadas rochosas da crosta terrestre. É assim que os cristais se formam: quando gases superaquecidos e líquidos sob enorme pressão forçam caminho em direção à superfície, junto com rocha derretida quente conhecida como magma. Essas soluções são saturadas de diferentes elementos e compostos das camadas profundas do manto (água, oxigênio, sódio, ouro e ferro, por exemplo). À medida que vão passando por camadas mais frias e menos ativas da rocha, esses elementos vão se separando da solução aquosa e começam a se cristalizar em cavidades e fendas. Dependendo da mistura de elementos e das condições ambientais, diferentes minerais se formam. A quantidade original de cada matéria-prima determina o tamanho dos cristais e a extensão de cada depósito. Embora nem todos os cristais se formem nessas condições vulcânicas ou ígneas, a maioria das pedras preciosas se forma assim. Essas são geralmente as pedras mais duras, como a Granada, o Rubi e o Diamante. As áreas de atividade ígnea ao redor dos vulcões são ricas de mineralização.

Acima: Cristais de Granada são encontrados em forma de grânulos dentro da rocha.

Condições alteradas

Como a crosta terrestre está em contínua, embora lenta mudança, as condições podem se alterar, permitindo sucessivas ondas de cristalização. Quando as rochas e minerais são transformados em estruturas e composições completamente novas por essa sucessiva cristalização, as condições são chamadas de metamórficas. As rochas metamórficas, e seus cristais, ocorrem em áreas de grande calor e pressão, geralmente onde as rochas foram enterradas, dobradas e comprimidas pelos movimentos da Terra. Assim que são expostas à água, ao vento e ao gelo, todas as rochas começam a sofrer erosão. Toneladas de partículas de rocha descem os rios todos os dias, instalando-se em bancos de areia ou sendo transportados para o mar. Ao longo de milhões de anos, esses depósitos se acumularam até adquirir uma espessura enorme. Seu peso, combinado com o da água acima deles, comprime as camadas, formando outro tipo de rocha: a sedimentar. A rocha sedimentar tende a ser mais delicada do que os cristais que se formaram em condições vulcânicas ou metamórficas.

Direita: O magma pode dar origem a vários tipos de cristal, pois ele se resfria e interage com a rocha de muitas maneiras, alterando a sua composição química.

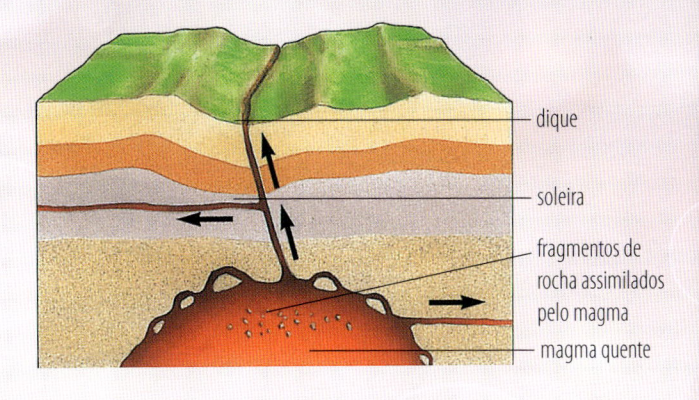

- dique
- soleira
- fragmentos de rocha assimilados pelo magma
- magma quente

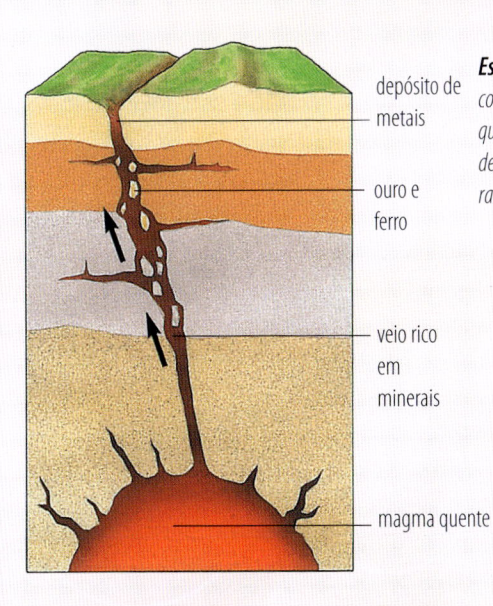

- depósito de metais
- ouro e ferro
- veio rico em minerais
- magma quente

Esquerda: Veios ricos em minerais, como ouro e ferro, são formados quando o magma quente carregado de minerais se infiltra através de rachaduras.

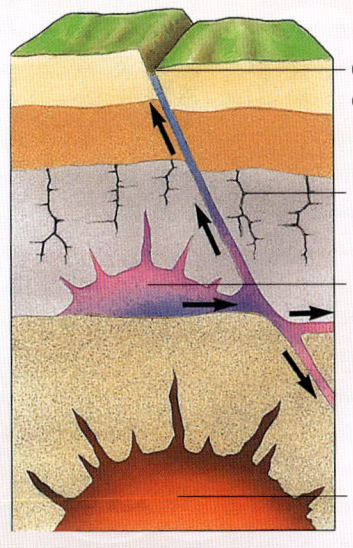

- depósito de cristais
- rachaduras na rocha
- corpo d'água subterrâneo contendo minerais dissolvidos
- magma quente

Direita: Muitos cristais se formam quando corpos d'água subterrâneos são aquecidos pelo magma e enriquecidos de minerais.

Características dos cristais

Não importa onde se formem, todos os cristais têm as mesmas características básicas. Sob as condições certas, qualquer mineral ou composto químico pode formar cristais, e os cristais de cada mineral têm todos eles o mesmo arranjo de átomos constituintes, o que se reflete em formas geométricas visíveis, com faces, lados e ângulos.

O tamanho do cristal varia de extremamente pequeno a vários metros de comprimento. Os cristais de Quartzo Rosa, por exemplo, são microscopicamente pequenos (ou microcristalinos) e se apresentam no que é chamado de forma massiva, na qual pequenos cristais se integram. Nesse tipo de cristal, não se veem formas geométricas regulares. Muitos membros da família do Quartzo são microcristalinos, geralmente porque se formam em temperaturas relativamente baixas, o que impede a formação de grandes cristais.

Acima:
Os cristais de Quartzo são tão pequenos que não é possível ver formatos regulares.

Formação dos cristais

Os cristais se formam onde quer que haja espaço para crescerem e, sempre que possível, distanciando-se uns dos outros. Os cristais seminais começam a se formar no leito de rocha ou na matriz circundante. Muitas vezes, a camada microcristalina aparece primeiro, antes da formação de cristais maiores e mais bem definidos. Quando o magma quente permanece a uma temperatura constante por um longo período, a tendência é que se formem cristais maiores. Essa formação é conhecida como pegmatito. Muitos tipos diferentes de mineral podem se cristalizar ao longo de um pegmatito, e às vezes podem até crescer uns dentro dos outros. Soluções ricas em minerais podem se cristalizar onde quer que haja um espaço oco criado pelo escape de gás ou líquido. Dependendo das condições, cristais grandes ou camadas de microcristais podem crescer nesses espaços. São nesses geodos, como são chamados, que muitas vezes encontramos a Ametista, assim como outras Ágatas bandeadas.

Direita:
É possível encontrar variações na cor de cristais do mesmo tipo. Dependendo da quantidade de impurezas da pedra, suas cores podem ser completamente diferentes.

Variação na cor

As variações cromáticas dos cristais são decorrência das quantidades minúsculas de diferentes elementos que produzem impurezas dentro da estrutura cristalina. Na maioria dos casos, a cor do cristal depende de como essas impurezas alteraram a estrutura interna da pedra, mudando o modo como ela reflete a luz. A maioria dos cristais pode apresentar uma gama ampla de cores, o que pode confundir quem não tem muita familiaridade com cristais; essa confusão é ainda maior quando o mesmo mineral recebe um nome diferente, dependendo da sua cor. Aprender a reconhecer as maneiras pelas quais os cristais costumam se formar, sua variedade de formas e cores e sua aparência, quando estão em sua forma natural e quando são polidos, ajudará você a conhecer melhor a energia dos cristais.

Energia dos cristais

Há milênios, a humanidade lança mão das propriedades dos cristais e minerais, e eles continuam sendo parte integral da nossa vida hoje em dia. São usados em máquinas complexas, motores, medidores, satélites e até ônibus espaciais, e também para fazer tintas, corantes e medicamentos. Essas pedras fazem parte até da nossa alimentação, como no caso do sal.

Abaixo: Muitos objetos da atualidade, entre eles o relógio e o rádio, funcionam graças a cristais de Quartzo.

Estrutura e forma

As qualidades especiais dos cristais – aquilo que os torna visualmente fascinantes e úteis para a tecnologia – dependem da maneira como eles se formam nas entranhas da Terra. Quando são produzidos a partir de soluções superaquecidas, os átomos que os constituem se combinam livremente, em estruturas estáveis. Cada cristal forma um padrão tridimensional característico de átomos chamado de "malha cristalina", que se repete em toda a estrutura do cristal até que não haja mais átomos livres disponíveis. Quando a disponibilidade de materiais brutos diminui, a malha começa a reduzir de tamanho. As faces regulares prismais formam as pontas e terminações dos cristais.

Essas pedras são as formas mais estáveis de matéria do universo. Por serem as formas sólidas geometricamente ideais, possuem uma energia que deriva da sua estrutura simétrica e ordenada. O modo como seus átomos estão organizados torna os cristais extremamente resistentes às energias externas. Por exemplo, quando sua estrutura é comprimida, muitos cristais irradiam o excesso de energia em forma de luz ou eletricidade. Por outro lado, se um cristal é carregado com uma corrente elétrica, ele responde expandindo-se ligeiramente para acomodar a carga extra de energia. Uma corrente alternada criará uma pulsação regular na estrutura de um cristal de Quartzo. Essa energia é usada para substituir o mecanismo dos relógios mecânicos, por exemplo, embora hoje em dia o Quartzo usado seja geralmente artificial.

A luz através dos cristais

A estrutura reticulada de um cristal determina o modo como a luz atravessa os seus átomos. Alguns minerais – o Quartzo, por exemplo – permitem que a luz passe através deles de forma quase inalterada, embora sua frequência não desacelere fracionariamente. Em outros cristais, a luz é dividida em diferentes feixes, criando um efeito polarizado. A Turmalina, por exemplo, se apresenta em diferentes cores, dependendo do ângulo em que ela é vista. A Calcita reflete a luz, criando uma imagem dupla em sua superfície chamada de dupla refração. O comportamento da luz ao encontrar a malha cristalina é o que muitas vezes determina as cores dos cristais. Nos cristais transparentes ou translúcidos, a coloração intensa resultante introduz uma energia muito particular no ambiente – seja um cômodo ou o campo de energia de uma pessoa. Nenhum outro material natural concentra as frequências da luz de maneira tão consistente quanto os cristais.

Ressonadores de energia natural

O comportamento dos cristais pode ser explicado nos termos da Física – particularmente a Física do Estado Sólido, que estuda as energias nos níveis subatômicos –, mas não convém aplicar os conceitos da Física no contexto da cura e do desenvolvimento espiritual. Os cristais são a matéria sólida mais ordenada e simples do universo. Ordem e simplicidade, em qualquer forma, sempre conduzem energias caóticas a um estado de ordem; esse fenômeno é conhecido como "princípio da ressonância". Os cristais podem ser considerados "ressonadores naturais de energia". Alguns agentes de cura que trabalham com cristais acreditam que o dinamismo do corpo reconhece a simplicidade ordenada do cristal. De acordo com essa visão, o cristal serve como um modelo com base no qual as funções autorreguladoras do corpo podem demonstrar mais eficiência, estimulando um movimento na direção da saúde ou da clareza de percepção. Cristais podem ser ferramentas muito eficazes para liberar o estresse emocional e restaurar a calma em pessoas ansiosas.

Direita: *Celestita*

O poder de cura dos cristais

O Quartzo, ou Cristal de Rocha, desempenha um papel importante em muitas culturas, como instrumento de cura e divinação. O uso popular de joias e amuletos, como a pedra do signo, dá continuidade à nossa relação milenar com as energias sutis dos cristais e das pedras preciosas.

Entre as tribos nativas da América do Norte, havia a tradição de usar cristais de Quartzo para prever o resultado das caçadas ou batalhas. Ou se prescutava a própria pedra, como no caso da bola de cristal, em busca de indicações de sucesso ou fracasso; ou a pessoa a segurava à luz do sol e interpretava a luz refletida de acordo com o lugar em que ela incindia.

Em algumas tradições, os curandeiros usavam o Quartzo para examinar o paciente. Localizavam as áreas enfermas do corpo e depois esfregavam ali o cristal, para eliminar os desequilíbrios. Nesse caso, como era o espírito da pedra que promovia a cura, o curandeiro o evocava antes do tratamento e o agradecia depois.

Acima: *Escaravelho egípcio esculpido em jade.*

Cerimônias e Rituais

Nos tempos antigos, certas pedras representavam um papel importante em cerimônias e rituais. Antigos textos hindus descrevem a origem das pedras preciosas e das suas propriedades benéficas. O Coral, a Cornalina, a Turquesa, a Abalone e a Obsidiana eram usadas nas Américas, em amuletos de proteção. Na América Central, a Turquesa e o Jade eram os materiais mais usados em ornamentos oferecidos aos deuses. Na Indonésia e na Australásia, o Quartzo é a principal pedra usada na divinação e na comunicação com os espíritos. Os aborígenes da Austrália usam o Quartzo como um meio simbólico para a iniciação na cura e na feitiçaria. Nas Ilhas do Pacífico, o Quartzo é considerado uma pedra do reino dos espíritos, dos ancestrais e dos deuses da criação.

Esquerda: *As pedras preciosas têm muitas vezes um grande significado espiritual e por isso são usadas em objetos religiosos, como neste terço islâmico.*

Direita: *Esta ponta de lança australiana tem fragmentos de Quartzo para dar sorte.*

SAIBA MAIS SOBRE OS CRISTAIS

Acima: Objetos simbólicos cravejados de pedras preciosas têm seus poderes espirituais intensificados e uma aparência mais fascinante.

Métodos de cura

Há poucas evidências de que os cristais sejam usados como instrumentos de cura hoje em dia da mesma maneira que eram usados nos tempos antigos. Relatos contemporâneos da China e do Peru indicam que alguns curandeiros dispõem as pedras sobre e ao redor do corpo do paciente para assim curar doenças, mas essas pedras normalmente são pedregulhos e seixos, em vez de cristais específicos.

O método de se colocar pedras sobre e ao redor do corpo para fins terapêuticos parece ser uma combinação de diferentes tradições. Conhecimentos indianos e do antigo Oriente sobre a anatomia sutil do corpo humano – particularmente sobre os sete principais chakras – mesclaram-se com teorias da cromoterapia, que associam partes do corpo com cada uma das cores do arco-íris. Essa interpretação parece ter sido resultado de traduções de textos indianos feitas pela Sociedade Teosófica, no início do século XIX.

Em outro método de cura, os cristais são usados para direcionar ou amplificar a energia terapêutica que flui do agente de cura para o campo áurico do paciente. Hoje, a cura com cristais é vista por algumas pessoas só como um modismo da Nova Era. E sua reputação não tem melhorado devido a afirmações levianas e não fundamentadas, como a de que os cristais eram usados em Atlântida.

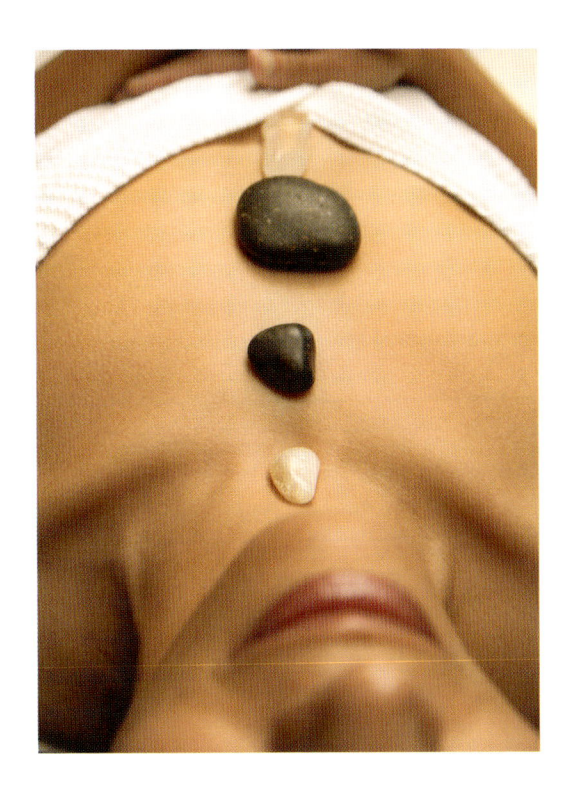

Direita: *Os cristais são usados para direcionar a energia terapêutica do agente de cura para o paciente.*

Chakras da cura

Existem sete chakras principais usados para a cura: os chakras da Coroa, do Terceiro Olho, da Garganta, do Coração, do Plexo Solar, do Sacro e da Base (ou Raiz). Esses chakras representam os centros de energia do corpo e qualquer bloqueio nessas importantes partes do corpo sutil pode causar doenças ou indisposições emocionais ou espirituais.

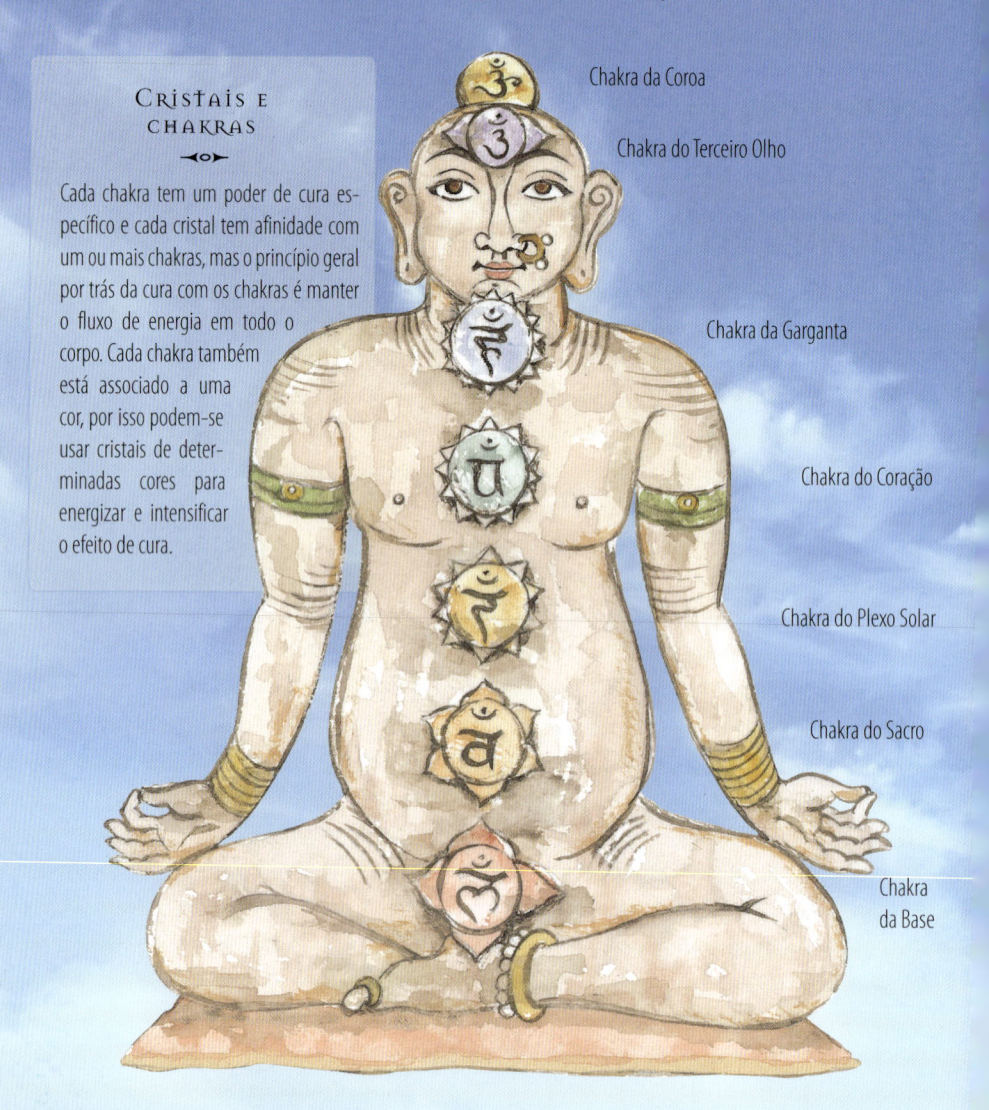

Cristais e chakras

Cada chakra tem um poder de cura específico e cada cristal tem afinidade com um ou mais chakras, mas o princípio geral por trás da cura com os chakras é manter o fluxo de energia em todo o corpo. Cada chakra também está associado a uma cor, por isso podem-se usar cristais de determinadas cores para energizar e intensificar o efeito de cura.

- Chakra da Coroa
- Chakra do Terceiro Olho
- Chakra da Garganta
- Chakra do Coração
- Chakra do Plexo Solar
- Chakra do Sacro
- Chakra da Base

CURA PELOS CRISTAIS

Coroa

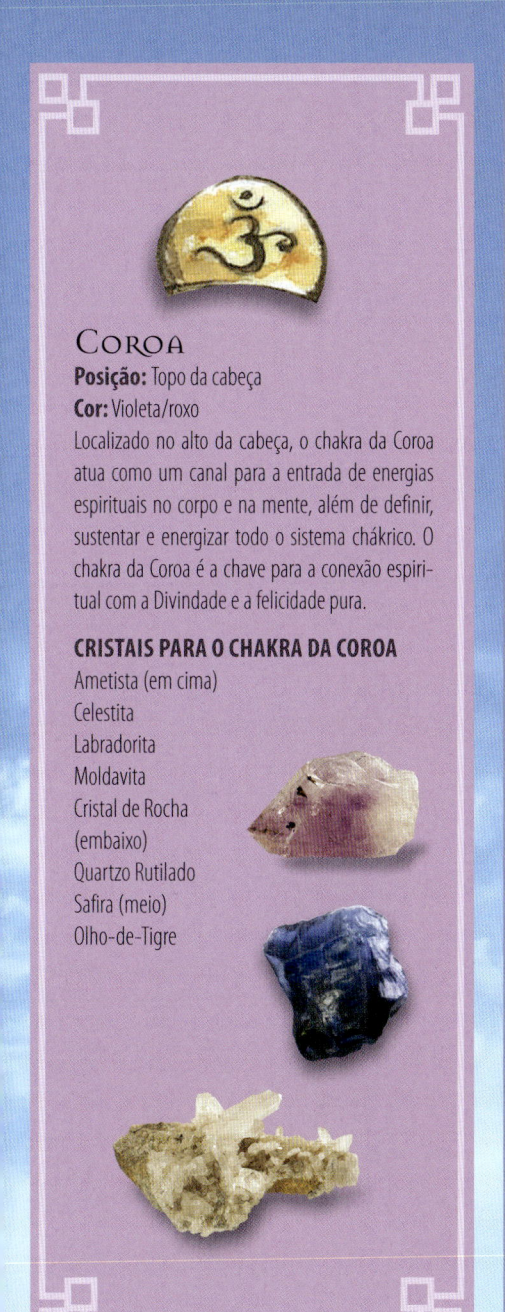

Posição: Topo da cabeça
Cor: Violeta/roxo

Localizado no alto da cabeça, o chakra da Coroa atua como um canal para a entrada de energias espirituais no corpo e na mente, além de definir, sustentar e energizar todo o sistema chákrico. O chakra da Coroa é a chave para a conexão espiritual com a Divindade e a felicidade pura.

CRISTAIS PARA O CHAKRA DA COROA

Ametista (em cima)
Celestita
Labradorita
Moldavita
Cristal de Rocha (embaixo)
Quartzo Rutilado
Safira (meio)
Olho-de-Tigre

Terceiro Olho

Posição: Centro da testa
Cor: Índigo

Como se pode supor, o chakra do Terceiro Olho influencia o funcionamento da mente, ajudando na coordenação física, na destreza, no equilíbrio, e na capacidade de aprendizado, além de estimular a ordem e a estrutura nas questões da nossa vida. Também aumenta a capacidade de apreciar o quadro maior com imaginação e sabedoria, além de nos ajudar a pensar com clareza e a tomar boas decisões.

CRISTAIS PARA O CHAKRA DA COROA

Ametista
Azurita (em cima)
Celestita
Fluorita (no meio)
Labradorita
Lápis-lazuli (embaixo)
Moldavita
Cristal de Rocha
Quartzo Rutilado
Safira
Sodalita
Olho-de-Tigre

Garganta

Posição: Pescoço
Cor: Azul

A energização do chakra da Garganta pode ajudar a estimular a expressão criativa e a capacidade de comunicação. A eliminação de desequilíbrios nessa área ajuda a promover a boa comunicação e expressão, além da aceitação da verdade e dos sentimentos (os nossos próprios e os das outras pessoas).

CRISTAIS PARA O CHAKRA DA GARGANTA
Amazonita
Água-Marinha
Ágata Rendada Azul
Celestita (em cima)
Labradorita
Lápis-Lazúli
Moldavita (meio)
Cristal de Rocha
Quartzo Rutilado
Sodalita
Olho-de-Tigre
Turquesa (embaixo)

Coração

Posição: Centro do tórax
Cor: Verde

O coração físico e o chakra do Coração são os centros dos corpos físico e sutil, respectivamente. Ele tem um importante efeito sobre todos os órgãos e sobre o organismo como um todo. Se o coração estiver em equilíbrio, todo o restante se equilibra de modo natural, produzindo um sentimento de harmonia, descontração, autoconfiança e clareza mental, qualidades que melhoram seus relacionamentos com as outras pessoas.

CRISTAIS PARA O CHAKRA DO CORAÇÃO
Abalone (meio)
Amazonita
Aventurina
Heliotrópio
Esmeralda (em cima)
Jade (embaixo)
Labradorita
Malaquita
Moldavita
Pérola
Cristal de Rocha
Quartzo Rosa
Rubi
Quartzo Rutilado
Olho-de-Tigre

Plexo solar

Posição: Entre o umbigo e as costelas
Cor: Amarelo

O chakra do plexo solar está relacionado à manutenção dos seus níveis de energia pessoal, e o ajuda a permanecer confiante e no controle da sua vida. Problemas nesse chakra diminuem a autoconfiança e a autoestima, e podem levar à autodesvalorização.

CRISTAIS PARA O CHAKRA DO PLEXO SOLAR

Âmbar	Pirita
Aventurina	Cristal de Rocha
Citrino	Quartzo Rutilado
Labradorita	Olho-de-Tigre
Pedra-da-Lua	Topázio

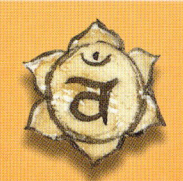

Sacro

Posição: Entre o umbigo e o púbis
Cor: Laranja

O chakra do Sacro controla nossa capacidade de aceitar os outros e novas experiências, incluindo o prazer e a sexualidade. O estresse e o trauma tendem a se acumular nesse centro energético, por isso cristais que podem restaurar o equilíbrio ou energizar esse chakra ajudam a tratar a ansiedade, aliviar o estresse e aumentar o prazer de viver intensamente.

CRISTAIS PARA O CHAKRA DO SACRO

Abalone	Pérola
Cornalina	Cristal de Rocha
Labradorita	Quartzo Rutilado
Pedra-da-Lua	Olho-de-Tigre

Base (Raiz)

Posição: Base da coluna vertebral ou sobre o períneo
Cor: Vermelho

Muitos cristais, quando colocados nesse chakra, ajudam a "ancorar" a energia se estivermos confusos, agitados ou distraídos por excesso de demandas ou atividades, ajudando-nos a nos concentrar no que é importante. O chakra da Base é também a fonte da nossa força vital, por isso esse chakra, quando equilibrado, pode ajudar a integrar qualidades espirituais na vida cotidiana.

CRISTAIS PARA O CHAKRA DA BASE

Heliotrópio	Schorlita (Turmalina Negra)
Granada	Quartzo Enfumaçado
Hematita	Olho-de-Tigre
Labradorita	
Obsidiana	
Jaspe Vermelho (à direita)	
Cristal de Rocha	
Quartzo Rutilado	

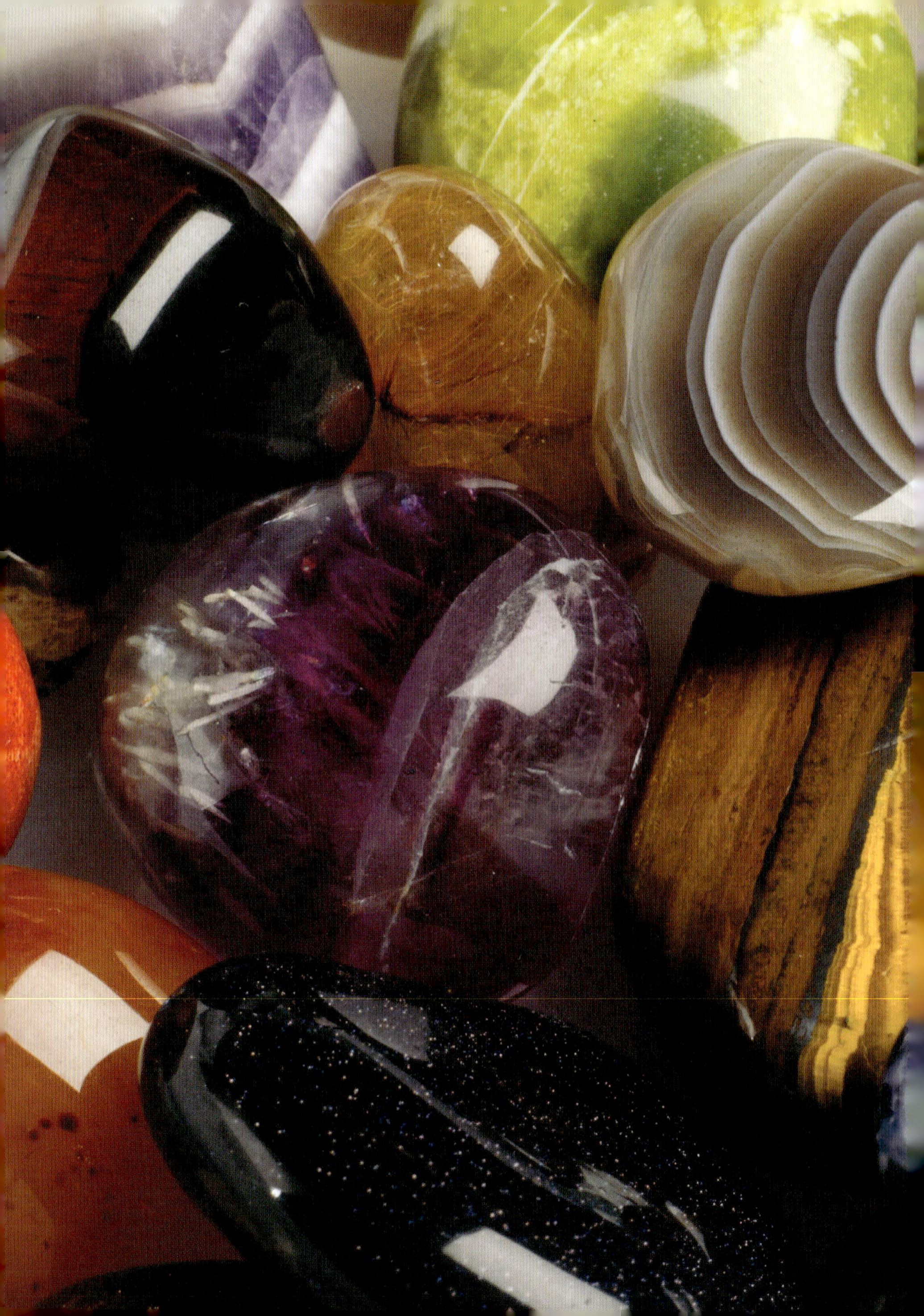

Propriedades dos cristais

A seleção de cristais que você vai usar nas divinações ou na cura depende dos problemas ou doenças que espera resolver. Cada pedra tem seus poderes e propriedades particulares, e são eles que devem nortear a sua escolha, juntamente com a sua intuição. As influências astrológicas também são um fator importante para definir as propriedades dos diferentes cristais, por isso as pedras relacionadas nesta seção foram agrupadas de acordo com a influência astrológica de cada planeta. Para facilitar e orientar as suas escolhas, use essas informações em conjunto com as principais propriedades apresentadas nas cartas que acompanham este livro.

ASSOCIAÇÕES PLANETÁRIAS

Há muito se sabe que os planetas do Sistema Solar exercem influência sobre a Terra, e essa é a crença que fundamenta a Astrologia e sustenta o interesse secular que as pessoas demonstram pelos signos do Zodíaco. A Astrologia liga cada pessoa a um planeta regente, de acordo com o signo sob o qual ela nasceu. Neste livro, cada cristal também é associado a um planeta regente, que tem influência sobre seus poderes e propriedades.

Você pode usar seu signo e seu planeta correspondente para ajudá-lo a escolher cristais que usará como amuleto de proteção ou numa cura. Você também pode usar essas informações astrológicas para ajudá-lo a selecionar sua pedra pessoal ou uma pedra para uma finalidade específica. As páginas a seguir relacionam os cristais associados a cada planeta, junto com algumas das principais propriedades do planeta. Saturno, Júpiter, Marte, Vênus e Mercúrio regem, cada um deles, dois signos do Zodíaco, enquanto o Sol e a Lua regem um signo cada um. Os cristais também são associados à Terra, a Netuno, a Plutão e a Urano. Os planetas relacionados a seguir são ordenados de acordo com sua distância do Sol, começando com o próprio Astro Rei: Sol, Mercúrio, Vênus, Terra, Lua, Marte, Júpiter, Saturno, Urano, Netuno e Plutão. Embora Plutão não seja mais classificado como planeta pelos astrônomos, os astrólogos ainda consideram suas influências como tal.

Planetas associados a cada signo do zodíaco

Signo	Datas	Planetas
Áries	21 de março a 20 de abril	Marte
Touro	21 de abril a 20 de maio	Vênus
Gêmeos	21 de maio a 20 de junho	Mercúrio
Câncer	21 de junho a 21 de julho	Lua
Leão	22 de julho a 22 de agosto	Sol
Virgem	23 de agosto a 22 de setembro	Mercúrio
Libra	23 de setembro a 21 de outubro	Vênus
Escorpião	22 de outubro a 21 de novembro	Marte
Sagitário	22 de novembro a 21 de dezembro	Júpiter
Capricórnio	22 de dezembro a 20 de janeiro	Saturno
Aquário	21 de janeiro a 19 de fevereiro	Saturno
Peixes	20 de fevereiro a 20 de março	Júpiter

Sol

Centro do Sistema Solar, o Sol sustenta toda a vida com sua luz e calor. Esse astro governa a individualidade, a consciência e a vitalidade, mas, sem o equilíbrio da Lua, suas influências podem ser excessivas e levar à vaidade e ao egoísmo.

Âmbar

Acredita-se que o Âmbar carregue a energia quente da luz solar dentro de suas profundezas translúcidas. Poetas clássicos descreveram essa pedra como a "lágrima dos deuses", ou como a essência dos raios do sol poente refletidos na água do mar. O Âmbar também era muito valorizado no Império Romano. O imperador Nero chegou a montar uma expedição à costa báltica para ir buscar seus próprios suprimentos dessa pedra. Em muitas civilizações antigas, os amuletos e medicamentos eram em geral feitos com Âmbar, pois ele se dissolve rapidamente no álcool.

O Âmbar é conhecido por ter propriedades elétricas. Eletricidade estática é gerada quando se esfrega uma peça de Âmbar. Não é nenhuma surpresa, portanto, que ele beneficie os sistemas elétricos do corpo. O Âmbar pode melhorar as funções do cérebro e do sistema nervoso, aliviar a ansiedade e aumentar a clareza mental. Trata-se de um composto estimulante, mas algumas pessoas podem achar que não convém usá-lo por mais de uma hora, pois pode causar irritação ou hiperatividade. Também pode ser útil para desintoxicação e para aliviar a depressão.

O Âmbar irradia uma energia vibrante. Na divinação, se estiver numa posição em que outros indicadores demonstrem restrição, estagnação e dúvida, ele age como um estímulo para fazer com que as coisas avancem. Se posicionado num local já positivo ou equilibrado, sua presença sinaliza que o consulente precisa ter cuidado para que as coisas não fiquem muito exacerbadas e frenéticas. O Âmbar é cafeína em forma de pedra: em excesso provoca caos, mau humor e discussão. Se esse excesso de energia puder ser usado, não costuma causar problemas. Se o Âmbar aparecer na sua sessão de divinação, observe as suas capacidades que não estão sendo utilizadas, emoções que estão sendo reprimidas e ansiedades e tensões que estão precisando de uma válvula de escape.

Citrino

O Citrino é uma variedade amarela de Quartzo muito valorizada, tanto pela sua cor quente quanto pela sua raridade. Durante a Idade Média, acreditava-se que o Citrino contivesse a energia dos raios solares, e, portanto, essa pedra era usada como remédio para pessoas que sentiam desânimo durante os longos meses de inverno ou em dias nublados.

A ampla gama de cores do Citrino permite que essa pedra equilibre muitas áreas diferentes dos corpos físico e sutil. As variedades marrom-alaranjadas ajudam a energizar o chakra da Base e têm um suave efeito de aterramento. Pedras laranja-amareladas funcionam bem no chakra do Sacro, ajudando o corpo a liberar o estresse e a tensão, e a pessoa, a aproveitar mais a vida. O mais eficaz dos Citrinos é o amarelo, que age no plexo solar, equilibrando os sistemas digestivo e nervoso e trazendo clareza e foco para a mente. É suavemente expansivo, relaxante e reconfortante, aumentando a autoconfiança e o poder pessoal. Os tons dourados dentro do cristal também absorvem a energia espiritual quando ele é colocado no topo da cabeça, propiciando níveis mais elevados de sabedoria e conhecimento. Como pedra de aterramento, o Citrino ajuda a integrar esses níveis de intuição na vida cotidiana.

Essa pedra traz confiança, energia de sucesso, clareza mental e propósito. Ela ajuda a conciliar diferentes energias, particularmente se houver um conflito entre desejo e realidade, entre idealismo e pragmatismo ou entre relaxamento e ação. Em situações que carecem de clareza, o Citrino traz a luz solar para iluminar os problemas, de modo que sejam vistos pelo que são.

O Citrino requer que os pensamentos precedam as ações. O ato de pensar numa situação trará tanto a compreensão quanto a informação necessária para o sucesso. Ignorar esse estágio do processo provavelmente causará ansiedade e confusão.

Na divinação, a posição desfavorável pode ser uma indicação de que é preciso cautela. Também pode ser um sinal de que, antes de seguir em frente, convém avançar passo a passo, para garantir alicerces sólidos a cada etapa do percurso.

Olho-de-Tigre

O Olho-de-Tigre é uma pedra impressionante, com um jogo vibrante de diferentes cores. Essa pedra é geralmente cortada na forma de uma cúpula suave e arredondada, o que realça seu brilho natural. Embora originária da Índia e da Birmânia, a África do Sul e a Austrália são também importantes fontes dessa pedra. Também existe uma variedade azul de Olho-de-Tigre, conhecido como Olho-de-Falcão. Nas valiosas pedras Olho-de-Gato, a luz é refletida por fibras minúsculas dentro do cristal transparente, numa linha brilhante. O Olho-de-Tigre é semelhante em aparência a essas pedras, mas, por ser opaco, é menos valioso.

Por causa de sua gama de cores, o Olho-de-Tigre é uma pedra excelente para equilibrar todos os três chakras inferiores: o chakra da Base, do Sacro e do Plexo Solar. Com suas estrias fibrosas, é capaz de equilibrar o fluxo de energia entre esses centros, incentivando assim a confiança, a praticidade e a capacidade de se sentir em casa neste mundo. O Olho-de-Tigre é uma pedra que promove um suave aterramento, mas o jogo cintilante de luz sugere leveza no toque e um gosto pela alegria e a beleza, bem como a capacidade de ter vislumbres intuitivos. Essa pedra tem uma energia positiva e útil, trazendo confiança e uma capacidade prática para alcançar o sucesso. Indica a necessidade de se adotar uma abordagem prática e realista aos problemas ou questões. Comece com o básico e com o que você já sabe, e avance devagar e metodicamente a partir daí. O Olho-de-Tigre mostra que você não deve tentar seguir sozinho. Todos nós precisamos de ajuda e conselhos, e essa pedra também indica que é o momento de trabalharmos em prol de um objetivo comum.

Quartzo Rutilado

O Quartzo Rutilado é bem conhecido nos Alpes, onde são encontrados Quartzos transparentes com finíssimos fios dourados. Também conhecido como Sagenita ou Quartzo Sagenítico, o Quartzo Rutilado já foi um dia uma pedra preciosa muito popular para confeccionar anéis e colares conhecidos como "cabelo de Vênus" ou "flechas de amor". Os finíssimos fios de ouro têm uma estranha semelhança com mechas de cabelos dourados, que parecem aprisionados para sempre no cristal.

O Quartzo Rutilado pode ser muito benéfico para os tecidos lesionados do corpo. Os padrões entrelaçados e cruzados do rutilo no Quartzo estimulam a cicatrização de feridas, ao propiciar um fluxo multinível de energia. Essa pedra também pode ser eficaz para restaurar o fluxo de energia nas áreas do corpo em que ele está abaixo ou acima do normal, pois as finas agulhas douradas do rutilo lembram a complexa interdependência e comunicação entre os sistemas do corpo. O sistema nervoso e todas as funções cerebrais também são estimulados pelo Quartzo Rutilado. Numa divinação, o Quartzo Rutilado pode mostrar uma situação complexa e movimentada, em que é necessário entender e conciliar muitas atividades diferentes para se obter o que se deseja. Numa posição positiva, o Quartzo Rutilado mostra que as circunstâncias estão se tornando favoráveis, e que todas as energias de uma situação estão começando a fluir na mesma direção. Fatores antes intrigantes começam a fazer sentido, as peças começam a se encaixar e surge uma nova coerência.

Numa posição negativa, esta pedra pode mostrar que os diferentes aspectos da sua vida não estão integrados e que é preciso promover essa integração. Ela também pode indicar confusão ou frustração, com muita coisa acontecendo ao mesmo tempo. Nessas situações, o Quartzo Rutilado indica que é necessário se concentrar na beleza do todo, em vez de tentar isolar e admirar cada fio. Em certas posições, essa pedra pode indicar que os grupos devem se reunir, ou que o indivíduo precisa buscar a ajuda de outras pessoas.

Mercúrio

Mercúrio, o mais rápido dos planetas, rege as viagens, a comunicação, a linguagem, a escrita, a capacidade de adaptação e o intelecto, mas também pode ser traiçoeiro e não confiável.

Ágata Rendada Azul

As bandas sutis e delicadas deste cristal fazem dele uma das Ágatas mais raras e valorizadas do planeta. Essa pedra era muito apreciada nas civilizações antigas, pois tinha a fama de fortalecer todas as virtudes e oferecer proteção contra ferimentos. A cor azul desta pedra fortalece a função do chakra da Garganta e, como todas as pedras azuis, estimula a paz, a calma e uma sensação de sereno desprendimento. A Rendada Azul pode ser usada sempre que houver um problema de saúde ou acúmulo de energia que cause dor, irritação ou inflamação. A energia da Ágata Rendada Azul é muito mais suave do que a das outras pedras azuis. Ela tende a oferecer elevação e apoio, e suas variações sutis podem sugerir a influência dos reinos espirituais mais elevados.

A Ágata Rendada Azul, numa sessão de divinação, sugere que muitos níveis de comunicação são necessários ou estão presentes na leitura. Essa comunicação não é nem frenética nem caótica, nem é necessariamente caracterizada por conflito ou discussão. A presença da pedra simplesmente indica que existem diferentes maneiras de se entender e se compartilhar experiências, e que, para aproveitar ao máximo essa situação, é melhor reconhecer esse fato.

Esta pedra também sugere a necessidade de se ficar aberto a comunicações vindas de lugares inesperados. Em geral, a Ágata Rendada Azul mostra uma situação descontraída, leve e agradável, na qual a comunicação é importante.

Hematita

A Hematita, considerada o sangue sagrado da Mãe Terra, é valorizada há mais tempo do que qualquer outro mineral. O fato de os restos do Homem de Neandertal terem sido encontrados cobertos de ocre vermelho sugere que, mesmo nos primórdios da humanidade, o homem já reconhecia o simbolismo espiritual desse sangue vivificante da Mãe Terra. Pelo seu teor de ferro, a Hematita exerce um efeito fortalecedor sobre o corpo físico — especialmente o sangue, a temperatura corporal e o sistema circulatório. De todas as pedras de aterramento, a Hematita é talvez a mais segura (pouquíssimas pessoas não são levadas a um estado estável sob a influência estabilizadora que ela exerce sobre o corpo físico).

Por tradição, o ferro é considerado a única proteção contra os reinos das fadas e, nos dias hoje, a Hematita impede que se fique com a cabeça na lua ou perdido em devaneios. Quando usada por uma personalidade equilibrada, a Hematita pode favorecer viagens espirituais e franquear o acesso a mundos astrais. O ferro é um metal forte mas frágil, e essa característica nos dá pistas sobre seus significados divinatórios. A Hematita, na divinação, mostra bases sólidas sobre as quais se pode construir. Numa posição favorável, ela estimula a solidificação de outras energias próximas a ela. Dessa forma, a Hematita pode definir uma situação, para que ela fique clara e visível a todos. Numa posição negativa, a Hematita pode indicar teimosia, inflexibilidade ou incapacidade de se afastar de uma condição atual. A Hematita tem a aparência de um metal prateado brilhante, mas, na forma de pó, ela é vermelha. Essa transformação mostra que às vezes é necessário olhar além da superfície da matéria.

Quartzo Enfumaçado

O Quartzo Enfumaçado é a pedra da tranquilidade, dos novos começos e da criatividade. Enquanto o Quartzo Transparente reaviva e irradia energia luminosa, o Quartzo Enfumaçado a absorve e armazena. Esse Quartzo é útil quando há confusão ou hiperatividade. Ele energiza as funções de aterramento do chakra da Base, para que o indivíduo possa se concentrar no que é importante. O Quartzo Enfumaçado também tem um efeito calmante sobre os processos de pensamento e é uma pedra excelente para a meditação. Ela pode ajudar a dispersar o medo e outros estados negativos da mente e, como cria estabilidade, proporciona segurança e proteção. Esta pedra representa um estágio de desenvolvimento em que há tranquilidade e quietude, como o solo fértil em que muitas coisas podem crescer na época certa. Nesse contexto, é preciso paciência e cautela, pois não é possível apressar a semente, acelerando seu potencial para brotar. Em muitos estágios de crescimento e desenvolvimento, há períodos de inatividade, quando nada parece estar acontecendo. Tempos como esses indicam que a mudança está acontecendo em níveis mais profundos. É hora de se concentrar em planos e sonhos, mas não se deve criar expectativas quanto a um determinado resultado. A contemplação silenciosa, a meditação e o recolhimento podem acelerar o processo.

Sodalita

A Sodalita pode ser facilmente confundida com a sua prima, a Lápis-Lazúli. Ela funciona bem quando usada em associação aos chakras da Garganta e do Terceiro Olho, e é uma pedra esclarecedora, que equilibra as emoções e estabiliza os processos de pensamento. Como todas as pedras de um azul profundo, traz uma grande paz e pode ser uma ajuda útil na meditação. Os veios brancos indicam comunicação com partes longínquas do universo. A Sodalita também ajuda a estimular as funções imunológicas do corpo. Seu alto teor de sódio beneficia os sistemas fluídicos do corpo.

O surgimento da Sodalita, numa sessão de divinação, indica comunicação em larga escala — tanto entre diferentes povos quanto entre países distantes. As mensagens são constantemente enviadas e recebidas por meio de uma variedade de métodos, inclusive fios, cabos, ondas de rádio e satélites — até telepaticamente. A Sodalita também atua como mediadora e pacificadora, e seu aparecimento na divinação representa um encontro entre mentes. Espere notícias que trarão resoluções e novas oportunidades, mas você deve estar pronto para fazer a sua parte. Se não estiver recebendo as mensagens esperadas, pode ser necessário entrar em contato com os outros envolvidos na situação e continuar falando sobre o assunto. A Sodalita numa leitura também pode sugerir um estado de contentamento, mas não de isolamento. Essa pode ser a oportunidade ideal para a pesquisa e o estudo.

Schorlita (Turmalina Negra)

A Schorlita é a Turmalina mais comum. É uma das melhores pedras para se usar como proteção contra da negatividade. Essa pedra irá desviar, em vez de absorver, a energia que está desequilibrada, criando um espaço neutro e seguro em torno do seu portador. Este cristal também pode levar a consciência de volta ao corpo físico muito rapidamente. Ele tem uma grande capacidade de aterramento e pode ser usado para restaurar a consciência após a cura ou práticas espirituais.

Uma das principais características da Schorlita é auxiliar no alinhamento; essa pedra ajuda o corpo a fazer ajustes físicos se os ossos e músculos estiverem fora do lugar devido a uma lesão ou tensão. Ela ambém pode alinhar o corpo com as energias da própria Terra. Isso faz com que seja uma pedra útil para se levar em viagens, pois ajuda a harmonizar a energia pessoal com a planetária e reduzir os efeitos do *jetlag*. A Schorlita indica a necessidade de se estar em harmonia com o seu entorno, ou que existe o risco de se encontrar negatividade ou simplesmente de se enfrentar uma rejeição. Nos dois casos, isso pode ser evitado mantendo-se a energia ancorada e focada, e cultivando-se uma perspectiva prática.

Vênus

Vênus, a deusa do Amor, rege as artes, a amizade e a música. As influências de Vênus inspiram a afeição e a intimidade. Os vícios associados a Vênus são a promiscuidade e a luxúria.

Esmeralda

Os antigos egípcios garimpavam esmeraldas ao sul de Koseir, no Egito. A cor verde dessa pedra era associada às propriedades revitalizantes do rio Nilo e da vegetação em torno dele. Tornou-se uma prática comum colocar uma esmeralda na boca do morto no momento da mumificação, para que ele pudesse se levantar na vida após a morte. O verde era a cor sagrada de Osíris (Asar), guia e guardião da humanidade e deus da fertilidade, da agricultura e da abundância. Segundo os mitos, Thoth (Tahuti), o deus do conhecimento, compartilhou sua sabedoria numa tábua de Esmeralda.

Por tradição, a Esmeralda está associada à honestidade, à verdade e ao sagrado. Essas associações fazem dela a melhor escolha quando se precisa fortalecer ou oficializar um relacionamento. E por isso ela se tornou a pedra que representa o amor verdadeiro. Também é usada para melhorar a visão, proteger contra picada de cobras e maus espíritos, além de despertar o dom da profecia e da presciência. Esta pedra se quebra quando próxima à maldade e à falsidade.

A Esmeralda acalma e harmoniza todos os sistemas do corpo, além de acelerar os processos de limpeza e desintoxicação. Ela também pode combater a ansiedade e os medos ocultos, intensificando a percepção espiritual de energias mais sutis. A Esmeralda também pode ser uma pedra de meditação muito útil. Seu tom verde profundo promove a energia de crescimento, de paz e de abundância. Para essa pedra, o coração é a principal área de crescimento.

A Esmeralda, na divinação, indica amor, apego e amizade verdadeira. Também sugere a necessidade de mais abertura e sinceridade. Como a própria Esmeralda, até a amizade mais sólida tem falhas e imperfeições. A verdadeira parceria será mais forte que essas falhas, mas um relacionamento superficial não resistirá a esse desafio.

Malaquita

Desde a Era Clássica, a Malaquita é usada como amuleto de proteção. Acreditava-se que essa pedra esculpida na forma do sol dava proteção contra o mal, espíritos mal-intencionados e animais venenosos. Os padrões concêntricos da Malaquita muitas vezes lembram um olho e por isso essa pedra costumava ser usada como proteção contra mau-olhado, maldições ou inimigos. No Antigo Egito, ela era usada com propósitos decorativos e como pigmento verde.

Devido à sua capacidade de absorção, a Malaquita é excelente para combater desequilíbrios no corpo. Ela também é usada para reduzir a dor causada por inflamações, além de aliviar dores mais amenas. A Malaquita é particularmente eficaz para combater desequilíbrios emocionais, além de promover a paz e o equilíbrio do chakra do Coração. Essa pedra também ajuda a purificar o corpo de toxinas e poluentes. No entanto, é preciso tomar cuidado com ela, pois seu pó é tóxico, caso ingerido.

Numa sessão de divinação, a Malaquita indica a necessidade de se levar em consideração muitos níveis emocionais, além de sinalizar que talvez seja preciso mais cuidado ao se lidar com questões emocionais. Essa pedra também propõe que se abandonem padrões ultrapassados, lembranças do passado e apegos que interfiram no presente. O crescimento pessoal e a capacidade de seguir adiante são decorrências da capacidade de se perdoar ou esquecer. Situações dolorosas precisam ser compreendidas, perdoadas e esquecidas; do contrário, a pessoa fica presa ao passado. Em muitas culturas antigas, o mau-olhado era uma forma comum de maldição causada por pensamentos malevolentes com relação a alguém por quem se nutria inveja ou emoções negativas. Certifique-se de não querer mal a ninguém e tome cuidado com emoções negativas de outras pessoas. O hábito de guardar rancor e culpar os outros prejudica tanto quem o cultiva quanto o seu alvo. A Malaquita ensina que nossas ações podem trazer consequências ruins para nós e para as outras pessoas. Caso esteja numa posição favorável na divinação, ela indica um espaço seguro e livre de qualquer maldade, onde é possível crescer e ter liberdade.

Jade

O Jade tem uma longa história, muitas vezes ligada a um ritual de transmissão do poder de uma pessoa falecida. Na América do Sul, uma pedra de Jade era colocada sob a língua do cadáver, e o mesmo era feito na China, para proteger o espírito do falecido. Na China, o Jade também era usado para prolongar a vida e fortalecer o coração, os pulmões, a voz, os ossos e o sangue. O Jade tem um efeito global de harmonização sobre o coração. É uma pedra preciosa estabilizadora, pois ajuda a conscientizar o corpo da sua capacidade instintiva. Este nível de consciência mantém uma conexão contínua com o planeta e suas energias, criando um sentimento de pertencimento e maior sensibilidade com relação ao meio ambiente.

O Jade melhora a eficiência de todos os processos de cura. E propicia uma capacidade instintiva para se sentir a verdade em qualquer situação. Na divinação, pode sugerir que devemos ouvir nossos sentimentos mais pungentes. A força do Jade vem de sua capacidade de conectar o indivíduo ao todo. Ele pode indicar que devemos nos envolver mais com uma situação, ou recuar, se nossos instintos assim disserem.

Como o Jade tem uma longa associação com os espíritos dos mortos, numa sessão de divinação, ele pode representar as tradições dos nossos antepassados. Estamos todos ligados à nossa composição genética ancestral, inclusive com as suas tendências comportamentais. O reconhecimento desse fato pode fornecer informações importantes sobre a nossa vida pessoal.

Quartzo Rosa

O Quartzo Rosa é considerado uma das pedras mais poderosas para a cura emocional. É eficaz para reduzir todas as condições patológicas ou agressivas, além de estimular a compreensão e aumentar a autoestima. Além disso, ajuda a neutralizar os danos causados pela autoimagem ruim e pelo acúmulo de estresse emocional, ambos os quais capazes de impedir a cura eficaz. Colocadas perto do coração, pedras grandes de Quartzo Rosa podem liberar o estresse e o trauma rapidamente. Às vezes, esse processo pode causar desconforto e por isso deve-se ter o cuidado de equilibrar essa liberação do trauma com pedras calmantes e estabilizadoras.

O Quartzo Rosa é a pedra dos relacionamentos. Ela está associada aos amigos, aos amantes e às áreas da nossa vida às quais dedicamos muita energia emocional. Tudo o que sentimos que nos sustenta emocionalmente é representado pelo Quartzo Rosa. A posição em que a pedra está, numa sessão de divinação, mostra não apenas em que aspectos somos mais fortes, mas também em quais somos mais vulneráveis.

Num posicionamento desfavorável, o Quartzo Rosa pode mostrar fissuras na autoimagem e na autoconfiança. Pode haver problemas com agressão ou mal-entendidos. Numa posição favorável, essa pedra confirmará uma situação de apoio, amizade, bem-estar emocional e amor.

Terra

As influências terrenas ancoram e propiciam a lógica, promovendo realismo e praticidade. Pode lhe faltar talento e originalidade, mas ela é um bom antídoto para devaneios e fantasias excessivas.

Moldavita

A Moldavita é uma pedra preciosa única, criada pelo impacto provocado pela queda de meteoritos há milhões de anos. A Moldavita é às vezes chamada de pedra extraterrestre ou meteorito verde. A ciência mostra que esses nomes provavelmente não procedem, mas não há consenso sobre como essa pedra realmente surgiu. No entanto, aqueles que se sintonizaram com a energia da Moldavita experimentaram de fato uma série de sensações estranhas e sobrenaturais, incluindo velocidade, calor intenso e uma sensação de consciência expandida.

A Moldavita amplifica as qualidades de qualquer pedra que esteja próxima a ela, enfatizando seus aspectos espirituais. Ela própria ativa as qualidades espirituais do chakra do Coração, particularmente a relação entre o eu e o universo e a busca de realização pessoal. Nos chakras da Garganta, do Terceiro Olho e da Coroa, a Moldavita aumenta a percepção sutil, a intuição e a capacidade de visualização, além de proporcionar uma visão mais completa da existência. O poder da Moldavita vem de forças poderosíssimas, desencadeadas quando o espaço exterior e interior se encontram. Do mesmo modo, às vezes um choque é necessário para fazer uma pessoa perceber que vivemos num sonho que nós mesmos construímos da realidade, e não na própria realidade. A Moldavita pode indicar uma experiência de despertar de qualquer tipo, não necessariamente explosiva. Em ambos os casos, no entanto, o resultado será o mesmo: uma repentina ampliação da experiência e da percepção, que muda nossa relação com tudo que nos é familiar. Isso pode dificultar a vida cotidiana ou resultar numa vontade natural para se abrir a novos mundos. A presença da Moldavita, numa sessão de divinação, também pode indicar uma súbita reviravolta nos acontecimentos, o que pode ser o começo de uma grande oportunidade — caso o consulente aceite a mudança de bom grado.

Jaspe Vermelho

Dentro da grande variedade de cores e padrões do Jaspe, está a energia constante e prática da Terra. O Jaspe era usado em ornamentos e amuletos em todo o mundo antigo e na Idade Média. A atração exercida por essa pedra devia-se ao fato de que cada peça tinha cores e marcas únicas, mas podia ser encontrada em quantidade suficiente para se esculpir vasos, mesas e as paredes das igrejas e palácios. O Jaspe também era popular no passado como proteção contra picada de cobras e outros animais venenosos, e para combater os efeitos do veneno.

O Jaspe é terroso, sólido e confiável, além de concentrar energia no chakra da Base de um modo que promove um suave aterramento. Essa pedra estimula a praticidade e o realismo pragmático. Com suas muitas cores e padrões, o Jaspe também pode ajudar a estimular faculdades psíquicas, sonhos e visões, embora seu foco principal seja sempre restaurar e revitalizar as estruturas físicas do corpo.

Sempre que o Jaspe aparece numa divinação, ele indica a necessidade de se focar em resultados práticos e palpáveis. Faça o que for necessário; não perca tempo nem energia armando esquemas complicados ou elaborando estratégias. O Jaspe é uma pedra opaca e tudo que se reflete em sua superfície aparece como realmente é. Essa opacidade é um sinal de que tudo está às claras, nada está ocorrendo às escondidas. Atitudes desonestas de outras pessoas não darão em nada se você agir honesta e abertamente. O Jaspe também propiciará habilidades práticas suficientes para a realização de metas, particularmente de natureza física ou material.

Lua

A Lua rege as emoções, os instintos e o subconsciente, além de representar os atributos femininos. Ela exerce influências suaves e ternas, mas, entre as desfavoráveis, estão a tendência à preguiça e à desatenção.

Água-Marinha

A cor da Água-Marinha conecta-a ao elemento Água e, em particular, ao mar. Desde a época dos antigos gregos e romanos ela é usada como amuleto de proteção em viagens ao exterior. A Água-Marinha também era um símbolo de felicidade e esperança e, como a Esmeralda, era associada ao amor e à amizade. A Água-Marinha pode fornecer um impulso significativo para o sistema imunológico. Tem uma ação de limpeza que, em combinação com sua capacidade de estimular o timo, pode ajudar a combater infecções. Também pode, no entanto, trazer antigos sintomas à tona antes de serem finalmente debelados.

O chakra da Garganta é energizado por esse cristal, que incentiva a expressão criativa e as habilidades de comunicação. Há também uma melhora no humor, com um aumento na esperança, no otimismo e na inspiração. A Água-Marinha, na divinação, é um sinal de comunicação. A interpretação dependerá da localização da pedra numa posição favorável ou não. Numa posição favorável, ela indica companheirismo, boa convivência, alegria e otimismo compartilhados com os entes queridos. Quando cercada de energias difíceis, no entanto, a Água-Marinha pode sugerir que fofocas ou a disseminação de mentiras estão causando problemas. Pode também indicar engano. Como as imitações da pedra em si, esse tipo de comportamento se tornará claro se você examinar cuidadosamente a situação de muitos ângulos diferentes. É importante, no entanto, não se envolver demais — em outras palavras, manter a calma. Em algumas posições, a Água-Marinha também pode sugerir viagens pela água.

Pedra-da-Lua

A Pedra-da-Lua é o nome genérico de vários minerais relacionados e de aparência similar. É uma das melhores pedras para trazer calma emocional. Ela tem a capacidade de liberar rapidamente as tensões causadas pelo estresse, que geralmente afeta o estômago e o sistema digestivo, interrompendo processos normais de absorção dos nutrientes dos alimentos. Dores de estômago e de cabeça também podem ser aliviados se a sua fonte for emocional. Assim como a própria Lua está associada à água, aos humores, aos ciclos e à intuição, o mesmo acontece com a Pedra-da-Lua, por isso ela estimula a fluidez e a flexibilidade em todos os sistemas do corpo. O equilíbrio dos fluidos pode ser restaurado, assim como os ciclos corporais, que foram prejudicados por algum choque ou pelo estresse. Todos os problemas envolvendo o fluxo de energia, particularmente no sistema reprodutivo feminino, podem ser aliviados. A intuição, a criatividade e a empatia também podem aumentar com a Pedra-da-Lua.

Essa pedra tem uma energia muito feminina e, na divinação, pode representar uma mulher importante na vida do consulente. Pode também representar as qualidades femininas da empatia, da capacidade de ouvir e da sensibilidade. Esta pedra mostra que é necessário equilíbrio emocional numa situação ou que o estresse pode estar se acumulando. Quando a Pedra-da-Lua cai numa área relacionada à saúde, sinaliza que o estresse emocional pode estar criando problemas. Ela também indica a necessidade de desenvolver a capacidade intuitiva.

Agora não é hora de partir para a ação. Observe, sinta e perceba o que está acontecendo em você e ao seu redor antes de fazer qualquer coisa. Como a Lua controla muitos dos ciclos de vida em nosso planeta, a Pedra-da-Lua, na divinação, pode conscientizar o consulente de que todas as coisas precisam seguir um ciclo natural de crescimento. Não há sentido em tentar apressar as coisas, pois tudo acontece em seu próprio tempo.

Pérola e Abalone

Tanto a pérola quanto o Abalone são gemas orgânicas derivadas de mariscos. Por tradição, as pérolas eram a principal pedra preciosa relacionada à Lua, na Índia. Quando engastadas em prata, elas supostamente tinham o poder de eliminar problemas causados por um posicionamento inauspicioso da Lua no mapa astrológico. Tanto na Índia como na China, a Pérola é o epítome e símbolo da pureza, da excelência, da longevidade, da imortalidade, da iluminação e da sabedoria. A Pérola é considerada o melhor estabilizador das emoções que existe. Aumenta a tolerância e a flexibilidade, e traz relaxamento em caso de tensão e frustração. Ela estimula as funções digestivas aumenta a autoconfiança. Todas as funções de natureza aquosa ou envolvendo um fluxo de algum tipo no corpo é regulado pela Pérola. O Abalone fortalece a estrutura do corpo e a função do chakra do Coração. Intensifica as expressões emocionais e fortalece o sistema imunológico. O Abalone também incentiva a individualidade e a expansão.

Ambos, a Pérola e o Abalone têm os mesmos significados divinatórios: estão intimamente ligados ao mar e às emoções. Um fluxo fácil de sentimentos, sensibilidade com relação aos outros e consciência das necessidades pessoais são indicações dessas pedras num oráculo, quando estão numa posição favorável. Muitas vezes, elas representam a família, principalmente a mãe. Sua coloração altamente mutável sugere que, como nossas emoções, essas pedras estão num estado de fluxo contínuo. Vida é mudança, e essas gemas nos lembram de que nada permanece igual por muito tempo – especialmente quando se trata das emoções.

Nas áreas em que essas gemas aparecem, na divinação, talvez seja necessário permitir que as coisas fluam com mais facilidade. A frustração e o aborrecimento podem ser combatidos direcionando-se a atenção para outro lugar em que haja harmonia e relaxamento. Numa posição favorável, essas gemas podem mostrar harmonia nos relacionamentos; numa posição desfavorável, podem revelar áreas de atrito.

Pirita

A Pirita (ou Pirita de Ferro) é comumente conhecida como "o ouro dos tolos". Como ela brilha como o sol e pode produzir faíscas para se fazer fogo, podemos supor que deve ter sido um poderoso artefato espiritual para nossos ancestrais. Em muitas civilizações antigas, a Pirita era usada como amuleto de cura, para prevenir o "enfraquecimento do sangue". A Pirita é uma combinação de ferro e enxofre, dois elementos importantes para se manter a saúde física. Ela também ajuda a regular o sistema digestivo. Por proporcionar uma limpeza suave, é um agente desintoxicante que ajuda a proteger da poluição e de formas negativas de energia. Ansiedade, frustração e depressão podem ser aliviadas usando-se a Pirita.

A superfície brilhante da Pirita, assim como um espelho, pode revelar o que está ao seu redor; no entanto, o que ela mostra pode ser enganoso. O que parece ser de ouro pode, na verdade, ser algo completamente diferente. Assim, quando a Pirita aparece num oráculo, é preciso ter cautela com as aparências. As coisas definitivamente não são o que parecem, embora esse engano talvez não seja consciente ou proposital.

A natureza de algumas coisas é refletir o que está ao redor. Nossas reações a esse reflexo frequentemente revelam mais sobre nós mesmos do que o próprio espelho. Quando a Pirita aparece na divinação, devemos nos perguntar o que está sendo espelhado de volta para nós que achamos desconfortável. A lição da Pirita é agir com consciência – não simplesmente reagir ao que acontece conosco.

Limpe os detritos que entulham sua vida e impedem que você reflita seu verdadeiro brilho. Numa posição positiva, a Pirita pode se mostrar como um iniciador, trazendo uma centelha de inspiração ou uma súbita clareza de percepção. Mas, como já foi dito, essa faísca precisa ser cuidadosamente examinada para que se detecte seu verdadeiro significado e valor.

Marte

Marte, o planeta vermelho, é visto como o guerreiro do Sistema Solar. Suas propriedades são geralmente masculinas, ativas e dinâmicas, e ele influencia a determinação, a força de vontade, a coragem e a paixão. Também está ligado à destrutividade, à brutalidade e à crueldade.

Heliotrópio

O Heliotrópio é também conhecido como Pedra-de-Sangue e tem uma longa tradição de uso mágico. Possui manchas vermelhas que se assemelham a sangue, e os espécimes mais valiosos têm padrões vermelhos distintos e brilhantes. Um texto místico do século XIII afirma que "um morcego, esculpido num Heliotrópio ou Pedra-de-Sangue, dá ao seu portador poder sobre demônios e encantamentos". O vermelho marcante e os tons verdes do Heliotrópio permitem que ele funcione nos níveis dos chakras da Base e do Coração. Ele estimula o equilíbrio das energias; a praticidade, o desejo de crescer, além de acalmar as emoções fortes. É ao mesmo tempo estimulante e motivador. O coração e a circulação recebem sustentação no nível físico e energético. Qualidades espirituais podem ser acessadas e integradas na vida cotidiana porque o chakra da Base, a fonte da nossa força vital, é ativado de forma controlada e disciplinada.

O Heliotrópio está relacionado ao signo astrológico de Áries, e isso o liga a qualidades como força, coragem e energia para ter sucesso apesar dos obstáculos. Na divinação, essa pedra sugere a necessidade de perseverança e coragem, mas também implica que é de fato possível alcançar seus objetivos. Numa posição desfavorável, o Heliotrópio oferece proteção contra a derrota. Numa posição favorável, pode mostrar que todos os obstáculos serão vencidos, e que as pessoas ao seu redor irão apoiá-lo. Em situações de turbulência emocional, o surgimento dessa pedra pode indicar a necessidade de acalmar reações impulsivas como a raiva. Não deixe que seu coração o afaste da realidade.

Cornalina

A Cornalina exala um calor que é, ao mesmo tempo, calmante e muito poderoso. Ela é uma variedade particular de Quartzo vermelho-alaranjado, encontrada na Índia, na Arábia Saudita e no Egito, e tem sido valorizada como pedra preciosa desde os tempos antigos. Como pedra de cura, a Cornalina ativa e aquece suavemente, e estimula a capacidade natural de cura do corpo. Isso é em parte porque ela energiza o chakra do Sacro, onde o estresse e o trauma tendem a se alojar. A Cornalina ajuda a liberar suavemente esses desequilíbrios, mesmo se estiverem presentes há muitos anos. O laranja é uma das melhores cores para se usar em caso de choque, acidente ou doença. Onde há rigidez, ou inflamação, a Cornalina pode atuar, restaurarando o fluxo de energia correto.

Numa posição positiva, a Cornalina indica energia criativa. Amor pela vida, felicidade, prazer e harmonia com aqueles em torno de você é o que sugere esta pedra. A Cornalina também representa a energia de movimento e a flexibilidade de "seguir o fluxo". Isso indica que você deve trabalhar com aquilo que se apresenta a você, em vez de seguir adiante em busca de um objetivo. Tanto o sucesso quanto as energias positivas são favorecidos por essa pedra.

Numa posição desfavorável, a Cornalina pode ser um alerta de que a flexibilidade deve ser estimulada, pois você pode estar vivendo as associações negativas desta pedra, incluindo estresse, doença, inércia e incapacidade de progredir. Dores profundas e feridas antigas também precisam de atenção antes que piorem.

Granada

A Granada tem uma natureza ígnea, e se forma sob temperaturas muito altas, a partir de uma complexa combinação de minerais com composições similares. Devido à natureza da sua formação, a Granada tem uma gama de cores mais ampla do que qualquer outra pedra, embora as mais conhecidas e procuradas sejam as variedades vermelhas. A cor da Granada determina seu efeito exato, mas sua ação sempre será a de focar e ativar. As Granadas são as melhores pedras energizantes para o corpo, pois ela acelera todos os processos e amplia os efeitos de outras pedras colocadas nas proximidades. Todas as Granadas ajudam a fazer com que as coisas aconteçam, embora às vezes seja melhor deixar que outras pedras deem continuidade a esse processo. Quaisquer condições e estados frios, lentos e aquosos podem ser equilibrados pela energia da Granada, que introduz o elemento Fogo.

A Granada é uma pedra energizante e motivadora; todas as situações morosas e estagnadas podem ser revitalizadas pela sua energia. Ela tende a amplificar a força de outras pedras — suas qualidades positivas e negativas —, dependendo da sua posição na divinação. Positivamente, a Granada estimula e ativa. Negativamente, ela irrita e incomoda. Pode significar paixão, mas não necessariamente de longa duração. Ela pode mostrar a raiva que se inflama, mas rapidamente desaparece, e pode sugerir novas ideias ou criatividade que fracassarão ou se dissiparão se não forem equilibradas por outras qualidades mais fundamentais. Como o fogo, a Granada pode sustentar a vida e dar vivacidade, ou pode causar dor e ardor.

Rubi

O Rubi é, por tradição, considerado uma pedra do coração e do Sol, mas também tem correspondência com Marte. Ele é uma variedade de Corindo, um mineral duro, e sua coloração vermelha deve-se à presença de pequenas quantidades de cromo. É uma pedra difícil de se fazer imitações, porque a cor muda dependendo do ângulo de visão. Na Índia, o Rubi é a mais valiosa de todas as gemas, já que se acredita que ele carregue a energia benéfica do Sol. Por tradição, os Rubis grandes e transparentes são incomuns e simbolizam riqueza e poder. Essas pedras são associadas à energia de chamas inextinguíveis e de radiância interior, e supostamente conferem paz, abundância, riqueza e proteção. Costumava-se acreditar que, costurado na carne, o Rubi tornava um soldado invulnerável.

O coração físico e o chakra do Coração são os centros dos corpos físico e sutil e têm um efeito importante sobre todos os órgãos e sistemas corporais. O Rubi, que age em todos os níveis do coração, é, portanto, uma importante pedra de cura. Se o coração está em equilíbrio, tudo o mais também estará bem. Sentimentos de harmonia, facilidade, autoconfiança e clareza de espírito brotarão na pessoa, e essas qualidades aprimorarão naturalmente seu relacionamento com os outros. O Rubi Estrela enfatiza os níveis espirituais do coração, a relação do indivíduo com a Divindade e o aumento no fluxo da energia vital. Essa pedra exerce uma influência positiva sempre que aparece na divinação, e afeta positivamente as pedras que estão próximas. Ela é uma pedra sustentadora, otimista e estimulante. Traz uma sensação de segurança a todas as atividades e impregna tudo com uma energia benéfica e revitalizante. Nos relacionamentos, o Rubi mostra honestidade, abertura e níveis de harmonia emocional; no trabalho e na vida cotidiana, ele indica contentamento e autoconfiança. Em questões de saúde, o Rubi pode sugerir a necessidade de cuidar do coração, física ou emocionalmente, especialmente se estiver perto de outras pedras de advertência.

Júpiter

Na mitologia clássica, Júpiter representava o rei dos deuses do Olimpo. Ele é envolvente e generoso, e muitas vezes visto como um prenúncio de alegria; em excesso, pode ser autoindulgente e ter a tendência de exagerar as coisas.

Ametista

Uma das pedras semipreciosas mais populares, a Ametista apresenta uma grande variedade de tons de roxo transparentes. Ela já adorna joias há pelo menos 5 mil anos. Era usada em forma de selos e anéis pelos antigos egípcios, e popular tanto na Roma clássica quanto na Grécia. Havia uma crença muito propagada de que a Ametista podia prevenir os piores efeitos do excesso de álcool, e seu nome deriva da palavra grega *amethystos*, que significa "sóbrio".

Na Idade Média, a Ametista era geralmente associada a uma mentalidade correta e sóbria. Dizia-se que acalmava as paixões, aumentava a astúcia e a inteligência, e dava proteção contra inimigos, animais selvagens e doenças.

A Ametista é principalmente uma pedra da mente. Ela ajuda a trazer tranquilidade e clareza quando há ansiedade e confusão. Também integra e equilibra todos os sistemas do corpo e é, portanto, uma importante pedra de cura universal. Ametista pode ser uma pedra útil para a meditação e outros exercícios espirituais, pois acalma a mente e as emoções, mantendo a consciência afiada e focada. A intuição também é intensificada. A Ametista que aparece na divinação sugere que é preciso que se delibere com calma e sensatez, caso uma decisão tenha de ser tomada.

Se essa pedra cair dentro das áreas relacionadas à saúde, isso é sinal de que podem ocorrer problemas com ansiedade, dores de cabeça provocadas por nervosismo e problemas digestivos (frequentemente ligados a altos níveis de estresse) ou problemas de coordenação motora. A Ametista, na divinação, também pode ser vista como um aviso de que é necessária uma certa dose de autodisciplina; agora não é a hora de sair por aí em busca de aventura. Comece a colocar as coisas em ordem, analise as suas prioridades e certifique-se de que você não está cometendo nenhum exagero em sua vida. Certifique-se de que está com os pés no chão e não está se deixando levar por planos irreais e grandiosos. A imaginação é muito importante, mas deve ser focada em objetivos práticos.

Lápis-Lazúli

O Lápis-Lazúli se forma quando o Calcário entra em contato com a Calcita e a Pirita, criando um novo mineral de tom azul-cobalto conhecido como Lazurita. Para os antigos egípcios, o Lápis-Lazúli era a pedra sagrada de Maat, a deusa da verdade e do equilíbrio, e era usada pelo sumo sacerdote para invocar o poder de justiça dessa deusa. Soldados romanos usavam escaravelhos de lápis-lazúli em anéis para lhes incutir coragem e da proteção. Essa pedra também era moída para fazer o pigmento conhecido como "azul ultramarino".

O lápis-lazúli é uma pedra que propicia um equilíbrio profundo e é benéfica especialmente nas áreas da testa e da garganta. Pode combater níveis profundos de estresse e traumas no corpo, embora talvez haja algum desconforto durante o processo de limpeza. Essa pedra traz as qualidades espirituais do profundo silêncio e da perspectiva, que podem ser inquietantes para aqueles que não estão familiarizados com essas sensações. É nesse silêncio, no entanto, que a profunda intuição e inspiração podem surgir. O Lápis-Lazúli também pode ajudar a acessar os níveis de verdade e equilíbrio que estão além dos conceitos individuais de certo e errado, e é excelente para a cura de dores profundas ou feridas crônicas de todos os tipos.

Na divinação, o Lápis-Lazúli mostra que a verdade é essencial para que o sucesso seja alcançado. Honestidade, comunicação e clareza permitirão que todas as energias fluam com facilidade. Essa pedra também pode revelar a necessidade de se fazer uma investigação profunda para descobrir a verdade de uma situação. Como uma pedra da deusa da verdade e do equilíbrio, em alguns casos ela pode mostrar o funcionamento da lei e da ordem na sociedade.

Pedra relacionada ao ensino, o Lápis-Lazúli também pode indicar um tempo de estudo ou de aprendizado. Numa posição relacionada com a espiritualidade, mostra profunda reflexão, meditação, trabalho com o passado distante e lembranças significativas. Onde quer que apareça o Lápis-Lazúli, ele é uma influência séria, equilibrada e profunda.

Safira

A Safira é o nome dado a todos os tipos de Corindo, exceto a variedade vermelha, que é chamada de Rubi. Embora a pedra azul seja a mais conhecida e altamente valorizada, as Safiras também podem ser amarelas e brancas, embora essas cores frequentemente se tornem azuis durante o aquecimento.

A Safira sempre foi uma das pedras preciosas mais valorizadas, tanto pela cor como por sua dureza, perdendo apenas para o Diamante. Dizem que, por tradição, a realeza usava Safiras para se proteger de ferimentos e da inveja. O azul intenso dessa pedra evoca um céu puro que favorece o contato com a Divindade e as bênçãos espirituais. Acredita-se também que a Safira permite que os videntes entendam melhor os mais obscuros e difíceis oráculos. Essa pedra era usada também para influenciar todos os tipos de espírito, e tornou-se a pedra favorita das bruxas e dos magos. A Safira Estrela é o tipo mais auspicioso de Safira.

Essa pedra tem um efeito calmante e regulador em muitos sistemas do corpo. Onde quer que haja superatividade e um acúmulo de tensão, a Safira traz relaxamento. A ansiedade diminui, há um fluxo mais suave de comunicação e de expressão pessoal, e a mente superior é estimulada. A Safira Estrela enfatiza as energias espirituais desse mineral, auxiliando a clarividência e a experiência visionária. Toda Safira pode ser uma ajuda útil na meditação.

Num oráculo, ela indica a necessidade de grande precisão e clareza em todas as ações. Se as emoções estão tumultuadas, esta pedra sugere a necessidade de restabelecer um estado mais sereno, calmo e centrado. É importante entender as motivações daqueles ao redor e ser capaz de interpretar corretamente o que as pessoas estão dizendo e por quê. Em áreas onde existem problemas, a Safira mostra um ambiente descontraído, harmonioso e rejuvenescedor. No entanto, deve-se evitar agir de um ponto de vista puramente pessoal e em resposta aos próprios estados emocionais nas áreas em que a Safira aparece na divinação. Use a inteligência e preste atenção aos sinais que podem informá-lo sobre os verdadeiros sentimentos das pessoas com quem está lidando. Com a sua mente atenta, você pode perceber também como está reagindo aos outros. E pode se surpreender ao ver como é fácil se confundir ou piorar uma situação se não refrear suas respostas emocionais imediatas.

Topázio

O Topázio é um mineral muito valioso, usado em joias há milhares de anos. As variedades mais valorizadas são o Topázio Imperial — com uma cor laranja vibrante — e o Topázio Xêrex — de um tom pálido de amarelo. O Topázio azul tem uma forte semelhança com a Água-Marinha. O Topázio transparente, a variedade mais comum, tem o brilho do diamante.

Essa pedra é útil para direcionar e focalizar a energia; estriações paralelas e o brilho natural dessa pedra ajudam nesse processo. Ele também elimina a negatividade das emoções, trazendo estabilidade e equilíbrio aos seus sentimentos e a uma situação. As energias do eu tornam-se mais bem organizadas, criando ou restaurando a autoconfiança. O chakra do Plexo Solar — que se relaciona com a manutenção dos níveis de energia pessoal — também é estimulado por essa pedra preciosa. O Topázio amarelo e o dourado beneficiam o chakra da Coroa, aumentando a paz e a harmonia, ao passo que a variedade azul pode liberar os bloqueios de comunicação e expressão.

Na divinação, o Topázio estimula o poder pessoal e a liderança. Numa posição favorável, pode mostrar que é a hora de assumir a liderança e reunir ao seu redor outras pessoas que podem ajudá-lo numa situação. Nesse cenário, é importante não tentar fazer tudo sozinho: aprenda a delegar e confie nas qualificações dos outros. Um líder também precisa aprender mais formas eficazes de incentivar os outros a seguir suas orientações.

Numa posição desfavorável, o Topázio indica que você não deve ser dominador nem autoritário. Dê espaço àqueles ao seu redor. Talvez queira ser sempre o centro das atenções. Esteja ciente de que as outras pessoas também têm necessidades e prioridades, e você pode não ser uma delas o tempo todo. O Topázio nos ensina a observar como usamos nossa energia no mundo. Estamos sendo egoístas, intolerantes ou exigentes? Estamos confiando demais nos outros, com medo de nossa própria capacidade de controlar os eventos que estão ocorrendo em nossa vida?

Turquesa

Em muitas culturas antigas, a Turquesa era símbolo de riqueza e usada como amuleto de proteção. Na Pérsia, a Turquesa era usada para proteger homens e cavalos de quedas e ferimentos. Um livro persa do século XIII sobre as virtudes das pedras diz: "Quem quer que seja dono da verdadeira Turquesa engastada em ouro, contato que traga a pedra consigo, não ferirá nenhum de seus membros quando cair, seja cavalgando ou andando". Os povos nativos norte-americanos – particularmente nos estados do sudoeste, onde essa pedra é encontrada – consideravam a Turquesa útil na caça. Eles também a usavam como um instrumento de curandeiros e xamãs, e para proteção contra ferimentos.

Por ser uma pedra azul com uma pequena dose de verde, a Turquesa age naturalmente no nível dos chakras do Coração e da Garganta. Ela estimula, em particular, as energias sutis da glândula do timo, entre o coração e a garganta, uma área que desempenha um papel importante no sistema imunológico do corpo. A Turquesa também fortalece todos os sistemas do corpo, e oferece proteção contra ferimentos, garantindo um elevado nível de energia. Os efeitos da poluição ambiental e da negatividade são reduzidos e, como acontece com muitas pedras verdes e azuis, a sensibilidade psíquica e a conexão com o mundo espiritual são intensificadas. A Turquesa, na divinação, sugere a necessidade de se tomar precauções para a segurança pessoal. Seja cauteloso, esteja alerta e preparado para lidar com quaisquer dificuldades imprevistas que possam surgir. Isso não é uma indicação de perigo; é simplesmente um aviso de que a situação requer cuidado e atenção extra. Numa posição favorável, a Turquesa pode mostrar que tudo está funcionando em harmonia. Todos os fatores estão equilibrados e existe uma atmosfera geral otimista. A Turquesa também sugere que, para que tudo progrida em níveis ótimos, você deve deixar claros seus sentimentos e preferências. Se a saúde é o problema, a Turquesa pode indicar a necessidade de monitorar o nível de tensões ambientais, incluindo poluição, radiação eletromagnética, ruído, bem como emoções negativas.

Saturno

Saturno governa o tempo e o espaço e personifica as virtudes da disciplina, da perseverança, da sinceridade e da sabedoria, além dos traços negativos da melancolia e da inflexibilidade. Ele tem muitos cristais correspondentes, incluindo o Diamante, o Granito, a Obsidiana, o Azeviche e o Ônix, além da Amazonita e da Azurita.

Amazonita

Uma pedra preciosa semipreciosa muito popular, a Amazonita é normalmente usada em cabochões e contas. É facilmente identificável pelo seu padrão manchado, entrecruzado ou com linhas paralelas de verdes mais claros e mais escuros. Os antigos egípcios costumavam usar a Amazonita em esculturas. Sua cor faz lembrar a Turquesa – às vezes até a Esmeralda e o Jade. As cores dessas pedras eram comumente associadas à vida após a morte, à fertilidade e à proteção contra ferimentos. A cor da Amazonita está em sintonia com os chakras do Coração e da Garganta. Essa é uma pedra calmante, que ajuda a equilibrar e estabilizar o sistema nervoso. A comunicação, a memória e as funções cerebrais são fortalecidas pela Amazonita também. Como muitas pedras turquesa e verdes, a Amazonita é usada para estimular as habilidades psíquicas e a sensibilidade ao plano sutil.

As energias do coração e da garganta se combinam nessa pedra, afetando positivamente a expressão pessoal e a criatividade. Na divinação, a Amazonita está relacionada à necessidade de compartilhar pontos de vista e explorar novas experiências. Ela indica uma fase de maior expansão na vida, motivada pelo desejo de compreender e aprender. Também procura esclarecer em que estágio o indivíduo está em sua vida, e qual o seu propósito no mundo. Essa pedra sugere que está na hora de embarcar em projetos ou desafios há muito sonhados, mas nunca colocados em prática, para expandir horizontes e cometer a ousadia de ser diferente.

Azurita

As pedras azuis tendem a aquietar e arrefecer, mas a Azurita tem uma qualidade mutante e transformadora. Sabe-se também que ela estimula níveis profundos de consciência e aumenta as capacidades de comunicação sutis, como a intuição, a criatividade e a inspiração. A compreensão também é incentivada. A Azurita também tem a capacidade de liberar tensões profundas, e pode ajudar a curar doenças causadas por um colapso na comunicação entre diferentes sistemas corporais. A segurança e uma maior facilidade de fluxo de energia fazem da Azurita uma pedra importante para os agentes de cura, bem como para aqueles que desejam desenvolver suas próprias habilidades de cura.

A Azurita, na divinação, indica resultados rápidos na área em que aparece. Tem a capacidade de amenizar e transformar circunstâncias difíceis e estagnadas, encorajando a compreensão e a aceitação em níveis profundos de cura. Em áreas de conflito, a Azurita sugere que uma resolução está a caminho. Isso trará um profundo nível de consciência, estabelecendo uma estabilidade e segurança tranquila, mas dinâmica. Em situações bloqueadas ou estagnadas, a Azurita sugere que as mudanças estão prestes a ocorrer, e que um fluxo novo e mais criativo de energia está prestes a começar. A Azurita nos indica também que a comunicação e a compreensão podem trazer uma profunda empatia capaz de ajudar a resolver conflitos. Transformação e mudança também podem ocorrer, por isso é necessário permanecer flexível e consciente.

Urano

Urano ajuda na comunicação, embora não pelos meios convencionais de expressão. Entre suas influências estão a originalidade e o não convencional, mas também a resistência ao controle e à autoridade.

Aventurina

Acredita-se que esse tipo de Quartzo, com suas muitas cores e inclusões cintilantes, tenha esse nome por causa da frase italiana "*per avventura*", que significa "por acaso". Essa pedra tem sido valorizada por muitas civilizações ao longo dos séculos. A Aventurina verde é talvez a melhor pedra de equilíbrio para o chakra do Coração. Incentiva a calma e a positividade e ajuda a liberar a dor emocional de maneira suave e eficaz. Em qualquer cor, essa pedra purifica a negatividade e ativa as qualidades positivas. Ela pode ajudar a liberar ansiedades e medos da infância e é útil em certas práticas espirituais, incluindo a meditação e a visualização criativa. Nas práticas tradicionais da cura tibetana, a Aventurina é usada para melhorar a visão e a clareza de percepção e a criatividade. As variedades marrom-douradas funcionam melhor no nível do plexo solar, trazendo mais autoconfiança e uma visão otimista da vida.

Quando a Aventurina aparece na divinação, indica que novas oportunidades podem surgir, mas, como os pontos brilhantes da própria pedra, elas precisarão ser buscadas com cuidado, e provavelmente aparecerão onde menos se espera. Numa posição positiva, a Aventurina oferece a chance de liberdade, uma nova partida repentina ou uma nova estrada pela qual viajar. Numa posição desfavorável, a Aventurina pode sugerir que o consulente está alheio a certas oportunidades para melhorar a situação atual que se apresenta. Mais atenção deve ser dada aos detalhes, pois eles podem levar a avanços.

Cristal de Rocha

Cristal de Rocha é o nome comum do Quartzo transparente. Essa pedra tem sido usada há milhares de anos para a cura e a profecia. Na Grécia Antiga, alguns acreditavam que o Cristal de Rocha era gelo congelado de tal forma que nunca derreteria outra vez. Outros povos antigos associavam o Quartzo aos mundos celestiais e o viam como fragmento dos reinos do espírito. Historicamente, o Quartzo é usado como uma ferramenta para a divinação, escriação e cura — particularmente para adivinhar as causas das doenças e para a eliminação de desequilíbrios causados pelos espíritos. O Quartzo transparente era um dos materiais favoritos para a formação de espelhos ou bolas para escriação.

O Cristal de Rocha tem um efeito organizador e harmonizador em todas as partes do corpo. Pode ser especialmente calmante e restaurar rapidamente a energia, tornando-a mais equilibrada. Também ajuda a livrar todas as áreas do desequilíbrio e da negatividade, e estabelece a calma e a clareza mental, o que a torna uma pedra útil para técnicas de meditação e cura.

O Cristal de Rocha atua como foco para a solidez e, na divinação, traz clareza e entendimento. Isso ajuda a manter às claras informações necessárias e garante que nada seja ocultado ou camuflado. Todas as atividades tenderão a ser produtivas e úteis nas áreas em que o Cristal de Rocha aparecer. Somente quando o consulente estiver planejando algum subterfúgio ou transações escusas, essa pedra indicará uma falha nos planos; isso porque tudo vai ficar transparente e óbvio para todos os envolvidos.

Netuno

Netuno está, obviamente, ligado a cenas aquáticas, mas também engloba a beleza e o amor extremos, e a libertação da mente consciente para nos elevar até uma consciência superior. Seus atributos incluem a estética, a bem-aventurança e a compaixão, mas ele pode exercer uma influência negativa, que torna a pessoa muito sonhadora, altamente emotiva e caótica também.

Celestita

A Celestita é um cristal macio, com uma maravilhosa translucidez azul-celeste e energias poderosas. Ela se forma em veios hidrotermais, bem como em rochas sedimentares e ígneas. Geralmente é produzido por atividade vulcânica, especialmente perto do mar, em cristais colunares. A cor mais comum é um azul profundo e transparente.

A Celestita tem notáveis propriedades relaxantes e edificantes. Pode ajudar a aliviar sentimentos de tristeza, peso ou desespero. Esta pedra pode propiciar um estado calmo e alegre, em que os reinos sutis e os níveis mais sutis da realidade parecem ser mais acessíveis. Todas essas qualidades tornam a Celestita uma pedra valiosa para a meditação e para os quadros mentais intuitivos. Este cristal também ajuda a amenizar quaisquer desequilíbrios na área do chakra da Garganta, e que afete a comunicação, a expressão e a aceitação.

Os chakras da Coroa e do Terceiro Olho também são estimulados por este cristal. Na divinação, a Celestita indica a presença de influências espirituais, que podem tomar a forma de coincidências, marés de sorte, encontros inesperados ou simplesmente um estado de espírito positivo e otimista. A Celestita pode sugerir uma melhora no humor, o fim de circunstâncias difíceis e a capacidade de ver além dos problemas. Ela mostra que um espaço seguro e nutritivo ajudará na recuperação e restabelecerá uma calma equilibrada. No entanto, é preciso ser cauteloso quando esta pedra aparece, para não mergulhar muito profundamente em qualquer devaneio ou estado de espírito sonhador. Estados elevados de consciência, para serem positivos, devem sempre estar ancorados na realidade cotidiana. Numa posição negativa, a Celestita pode indicar uma fuga da realidade para um mundo de fantasia, caso outras pedras nas proximidades mostrem a falta de energia prática.

Fluorita

A Fluorita ajuda a percepção consciente a assimilar informações de muitas fontes diferentes. Ideias repentinas, invenções, novas tecnologias e sonhos com relação ao futuro são todos estimulados por esta pedra. Agindo sobre o chakra do Terceiro Olho, a Fluorita concentra sua energia no funcionamento da mente, ajudando na coordenação motora, na destreza, no equilíbrio e na capacidade de aprendizado. A ordem e a estrutura são estimuladas. A Fluorita também ajuda a manter a integridade do sistema esquelético.

Este cristal funciona em muitos níveis diferentes e incentiva a atividade multinível. Na divinação, indica que é hora de fazer planos detalhados. É essencial que as circunstâncias recebam algum tipo de formatação e direção, ou corre-se o risco de perder as oportunidades. A Fluorita sugere que você precisa se sentar e pensar cuidadosamente sobre o que quer e como pode atingir seus objetivos na prática. Em vez de partir direto para a ação, sente-se e deixe que novas ideias se formem. Pense em como suas metas podem ser alcançadas e, em seguida, de forma metódica e organizada, comece a avançar na direção delas. Numa posição negativa, a Fluorita indica um pensamento disperso, que desperdiça energia em atividades inadequadas, mostra falta de praticidade e passa muito tempo sonhando acordado ou sem foco para pensar numa situação específica.

Plutão

Plutão, assim como Marte, pode ser poderoso e explosivo – uma força para gerar um grande bem ou para a destruição. Suas influências negativas incluem a tendência para ser manipulador e compulsivo, mas ele também é idealista e inspirador.

Obsidiana

A Obsidiana é formada de lava que passou por um resfriamento rápido. Nascida do fogo, dentro do coração do planeta, a Obsidiana pode trazer um forte senso de determinação para vencer o medo e encarar a realidade de maneira prática, fundamentada e corajosa. Na Europa, durante a Idade Média, a Obsidiana era um material muito usado para a confecção de bolas e espelhos mágicos para a escriação. Como pedra que emerge com força dramática das profundezas da Terra, a Obsidiana é considerada por muitos um ótimo instrumento para trazer à tona emoções reprimidas. Isso a torna extremamente útil para liberar tensões de longa data e traumas ocultos no inconsciente. Como uma erupção vulcânica, esse processo pode ser turbulento, levando a pessoa a reviver velhas feridas, medos e ansiedades antes de serem liberados. A transformação sempre traz mudança, e a mudança é essencial se quisermos crescer. A Obsidiana vai eliminar apenas o que está obsoleto, os detritos indesejados da nossa vida, para que possamos seguir em frente, livres do passado.

Essa pedra tem uma ligação clara com Plutão, tanto o planeta quanto o deus grego do mundo inferior, guardião de tesouros escondidos. Sempre que a Obsidiana aparece na divinação, é importante procurar fatores ocultos que possam estar interferindo numa situação. O medo também pode ser um problema em você ou em outras pessoas. Lembre-se de que esse sentimento geralmente surge quando existe a sensação de que os acontecimentos estão além do nosso controle. A natureza da Obsidiana é tanto ígnea quanto de ancoramento. Essas qualidades nos ajudam em qualquer "explosão" semelhante à que dá forma à Obsidiana, propiciando uma convicção em nossa própria força de vontade e na nossa capacidade de vencer qualquer desafio.

Labradorita

A Labradorita é uma pedra camaleônica, que varia do mais sombrio tom de cinza até a iridescência do pavão. Assim como diferentes cores aparecem na superfície da pedra, essa pedra ajuda a acessar muitos níveis diferentes de energia e consciência. Por isso, pode ser a pedra ideal para quem quer descobrir novas soluções e conseguir novas oportunidades. A capacidade da Labradorita de propiciar mudanças rápidas na frequência vibratória permite que os chakras atinjam com facilidade outros estados dimensionais. Isso pode remover bloqueios rapidamente e ajudar a estabelecer novos padrões de comportamento. A Labradorita é uma pedra muito útil para a proteção energética, pois suas cores em constante mudança impedem que a negatividade fique impregnada na aura. Ela também evita a drenagem de energia e reduz a codependência. Essa pedra indica surpresa, transformação e transmutação. Isso traz uma súbita mudança nas circunstâncias que permite que uma situação estagnada avance de forma positiva. Novas oportunidades surgirão e uma variedade de escolhas se apresentará.

Nos relacionamentos, a Labradorita pode indicar a necessidade de examinar cuidadosamente o que você já conquistou. Quando não se dá valor à vida que se tem, a rotina torna-se enfadonha e sufocante. Faça algo inesperado e generoso. Mostre quanto aprecia o seu parceiro. Se a Labradorita estiver numa posição favorável, ela pode mostrar a necessidade de observar os níveis de energia. Você sempre se sente esgotado na presença de algumas pessoas, e essas pessoas se sentem melhor quando estão com você? Se você trabalha com muitas pessoas durante todo o dia ou tem uma ocupação estressante, em que as emoções podem ser intensas, a Labradorita pode indicar que suas baterias não estão sendo recarregadas e você está acumulando estresse.

PROPRIEDADES DOS CRISTAIS

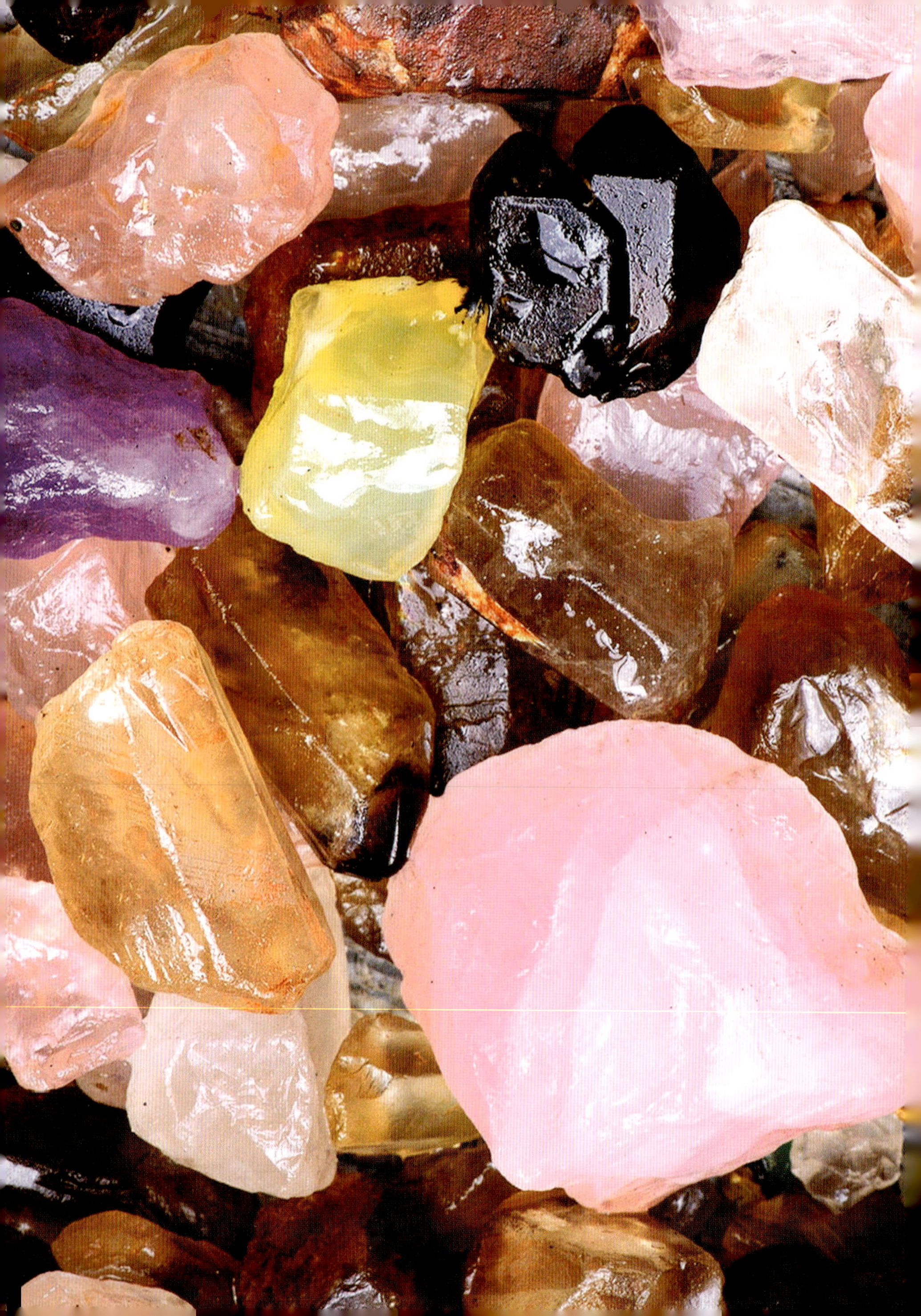

Divinação com cristais

A divinação é uma maneira de abrir um caminho claro e direto para o futuro, prestando-se atenção a detalhes e eventos tão pequenos que podem escapar dos olhos ou serem considerados irrelevantes. No mundo da divinação, aprendemos que tudo tem sua importância, porque todas as coisas estão, em algum nível, interligadas. O intérprete dos significados, ou intérprete, busca no mundo sinais e energias subjacentes que irão moldar eventos futuros e, para ajudá-lo nessa tarefa, ele pode usar os cristais e seus vários significados.

Princípios da divinação com cristais

Os princípios de todos os oráculos e métodos de divinação derivam da antiga visão de mundo dos nossos ancestrais tribais, segundo a qual todas as coisas e todos os eventos estão inextricavelmente ligados, numa complexa teia de interação. Para a maioria das pessoas, essa teia é quase sempre imperceptível. Mas, em certos momentos – e para pessoas com a capacidade de transitar entre os mundos e vislumbrar essa teia –, é possível ver como alguns fios estão interligados.

Os espíritos e o inconsciente

Na visão de mundo dos povos primitivos, tudo está vivo e tem uma consciência. O que a maioria de nós percebe que está acontecendo no mundo é muitas vezes só uma indicação visível de uma realidade que existe dentro de um mundo espiritual muito maior.

E, se alguém, portanto, sabe fazer as perguntas certas aos espíritos, por que eles não deveriam responder?

Em seu estudo sobre o inconsciente, o psicanalista Carl Jung estudou a ideia de uma teia universal, bem como a ocorrência de eventos significativos simultâneos sem ligação causal aparente. A psicologia moderna também destaca aspectos da teoria da teia universal no fenômeno conhecido como o "centésimo macaco", que ocorre quando um número crítico de indivíduos dentro de uma espécie – um em cem – aprende algo novo. Depois que essa proporção de indivíduos aprendeu a nova informação, ela é aparentemente transferida para toda a população quase que instantaneamente. Do mesmo modo, a Física e a Matemática descobriram a teoria do caos, que mostra que eventos aleatórios aparentemente revelam infinitas complexidades e padrões ordenados.

A mente interior, também conhecida como inconsciente – ou aquela parte de nós que normalmente não notamos nos processos de pensamento cotidianos da percepção consciente –, é capaz de acessar alguns desses padrões subjacentes num nível intuitivo. No entanto, o pensamento linear não pode existir nesse nível de consciência, por isso as mensagens devem ser enviadas de outra maneira. Nossa mente inconsciente conversa com a nossa mente consciente, fazendo-nos notar eventos aparentemente insignificantes, ou estabelecendo conexões, associações ou ligações simbólicas. Essas conexões, associações ou ligações podem revelar padrões subjacentes capazes de determinar eventos futuros que se materializarão em nossa realidade consciente.

Acima: *Carl Jung muito colaborou para o interesse contemporâneo pelos métodos divinatórios e poderes da mente.*

Aprenda a praticar a divinação

Aprender a divinação é aprender a mergulhar em camadas não verbais da consciência. Um conjunto aleatório de pedras não tem um significado inerente, o que faz com que a mente consciente fique desorientada. Mas a mente intuitiva conecta a pergunta feita à disposição das pedras num oráculo e consegue reconhecer padrões significativos. É tarefa do intérprete trazer essa informação à superfície de uma forma que seja útil.

Em qualquer divinação, sempre há mais de uma interpretação possível. O iniciante sempre se preocupa em saber qual é a interpretação correta, mas o ideal é deixar que os significados flutuem na sua mente e levar em conta a associação que aparecer primeiro. Ninguém mais pode interpretar seus oráculos melhor do que você, pois a sua mente é o verdadeiro oráculo — as pedras, o tabuleiro e todas as outras parafernálias são simplesmente instrumentos que você pode usar para ajudá-lo a se concentrar. As respostas estão dentro da sua mente, não em qualquer objeto de divinação que você esteja usando. Com a prática, você começará a reconhecer a sensação causada pela interpretação correta.

Como interpretar os significados na divinação

O papel do intérprete é ajudar a esclarecer a confusão do consulente — a pessoa que solicita a divinação. Se a confusão do consulente estiver menor no final da sessão, isso é uma indicação de que ela foi um sucesso, não importa a opinião do intérprete com relação à exatidão da sua interpretação.

É muito importante que tanto o intérprete quanto o consulente estejam conscientes de que nenhum oráculo é um teste de clarividência, poderes espirituais ou qualquer outra habilidade sobrenatural. Divinação não é leitura da mente. O consulente deve estar aberto e disposto a receber conselhos, e deve estar disposto também a fornecer todas as informações de que o intérprete precisar para esclarecer a resposta dada pelas pedras.

O intérprete também precisa ter cautela com o modo como a interpretação é transmitida. Se você é o intérprete, deve se lembrar sempre de que tudo é sucetível à mudança. Até mesmo a decisão de aceitar conselhos de uma técnica de divinação pode alterar significativamente o resultado provável de um evento. Evite a todo custo fazer profecias. Muitos intérpretes medíocres e inconsequentes insistem em afirmar que o que eles viram acontecerá exatamente do jeito previsto. Onde está o livre-arbítrio nessa interpretação? Onde, na verdade, estão a compaixão e a compreensão?

O intérprete está ali para aconselhar o consulente, não para fazer previsões. Prever não é diferente de amaldiçoar, pois estabelece uma forte tendência na mente do intérprete e do consulente para se conseguir o resultado previsto. Além disso, a previsão inextricavelmente liga as futuras ações do consulente ao intérprete, visto que este se tornou uma causa significativa dessas ações.

A divinação deve ser um processo de exploração de possibilidades. A clareza é o resultado desejado, e ambos, o intérprete e o consulente, devem trabalhar juntos para esse fim. A teia tem fios infinitos, ao longo dos quais qualquer um pode viajar. Mas a teia também está cheia de buracos pelos quais alguém pode cair. É a tarefa do intérprete se concentrar nos fios que podem ser úteis para se atravessar os vazios desconhecidos da existência — e não distrair o consulente com observações tolas ou triviais.

Tradições e técnicas

Os praticantes da divinação são, em geral, pessoas práticas que, depois de aperfeiçoar as suas habilidades, são capazes de usar qualquer material que esteja à mão, sejam ossos, pedras, dados ou a chama de uma vela. Métodos eficazes são transmitidos de geração em geração, mas a ferramenta mais importante desses métodos é a mente do intérprete. Todos os oráculos, instrumentos e orações são inúteis se não ajudarem o intérprete a alcançar o estado de consciência necessário para interpretar os sinais corretamente.

Métodos antigos

Os registros históricos e arqueológicos sobre os antigos oráculos com cristais são incompletos, por isso pode ser difícil afirmar com certeza como os povos da Antiguidade usavam vários artefatos de divinação. Por exemplo, em algumas culturas, uma série de contas podia ser usada como colar decorativo e também como um tipo de oráculo. No antigo sistema tibetano chinês de divinação chamado *Mo*, depois de o consulente fazer a pergunta e repetir os mantras necessários, as contas eram separadas em grupos de no máximo seis. Cada grupo de contas restantes tinha um significado que variava de "excelente" a "terrível" e, desse modo, o consulente era informado do provável resultado do empreendimento.

Os cristais têm sido usados como um meio de comunicação com os mundos espirituais e, por meio

Acima e abaixo: *As pedras podem ser usadas como acessório decorativo, como no antigo colar tibetano chinês acima e na pulseira de âmbar abaixo, mas também como método de divinação.*

Abaixo: *Qualquer pedra polida ou transparente pode ser usada como bola de cristal.*

da escriação (a prática de consultar uma bola de cristal ou outras superfícies reflexivas), é possível abrir uma janela para o futuro. Os cristais naturais, as esferas polidas e as superfícies espelhadas são usados na divinação. As pedras comuns também têm desempenhado um papel importante na divinação, especialmente nas técnicas de lançamento.

Técnicas de lançamento

Enquanto a escriação (que significa "ver") abre as faculdades clarividentes da mente do intérprete, as técnicas de lançamento de pedras seguem regras predeterminadas de interpretação. Essas técnicas podem assumir três formas principais. É importante que você e os seus cristais passem por uma preparação antes da divinação (veja as páginas 62-65), de modo que você não influencie nem interprete inadvertidamente os resultados. Veja as páginas 74-75 para saber mais sobre a melhor maneira de lançar cristais para a divinação.

Onde os objetos caem?

Nos métodos mais simples, os objetos usados num oráculo não têm, em si, um significado individual, mas são interpretados de acordo com o lugar onde caem. Muitas vezes há uma abordagem simples do tipo cara ou coroa, com conchas ou castanhas que caem numa superfície com a face para cima ou para baixo. Através da interpretação, essas várias combinações fornecem a resposta à pergunta em questão. O sistema africano *Ifá*, praticado por sacerdotes da religião iorubá, o oráculo chinês *I Ching* e alguns tipos de geomancia se enquadram nessa categoria, em que sacerdotes ou oráculos lançam nozes de árvores sagradas ou outros objetos, para obter uma resposta positiva ou negativa.

Como eles se relacionam uns com os outros?
No segundo tipo de lançamento, cada objeto tem um conjunto específico e identificável de significados. O modo como cada item cai em relação aos outros cria um retrato das energias que estão em cena, sugerindo o resultado provável. As runas germânicas e possivelmente os sistemas celtas de *Coelbran* usavam esse mesmo método, ao passo que os oráculos com ossos da África do Sul empregam uma série de itens diferentes, cuja queda indica um resultado definido. Depois que os objetos são lançados, o intérprete observa a posição de cada um deles e, em seguida, analisa-os em conjunto, para que a imagem formada proporcione uma interpretação completa da mensagem transmitida pelas pedras. Quando você estiver lançando pedras para fazer uma interpretação desse tipo, evite fazer perguntas cuja resposta seja "sim" ou "não"; em vez disso, formule sua pergunta de modo que a resposta lhe dê uma visão mais ampla da gama de resultados possíveis no momento da leitura das pedras.

Acima:
O lançamento de objetos como cascas de nozes ou ossos é há muito tempo usado como um instrumento para adivinhar a vontade dos deuses, e trata-se de algo tão simples quanto lançar uma moeda para obter cara ou coroa.

Acima: *Selecione suas pedras e, em seguida, lance-as uma a uma, sobre um tabuleiro, ou todas de uma vez, e analise como caem.*

Lançamento das pedras sobre uma grade

O terceiro método de lançamento requer uma grade ou mapa sobre o qual os objetos serão lançados. A cada segmento da grade ou mapa é atribuído um significado definido e a queda do objeto lançado pode ser interpretada ou com base no lugar onde ele caiu ou, em sistemas mais complexos, no significado específico conferido a cada objeto, que é modificado de acordo com o local onde ele caiu na grade. Na arte da geomancia (literalmente "divinação pela terra"), por exemplo, não só o modo como as pedras estão dispersas e o número de marcas são importantes, mas também os lugares onde elas caem ou ocorrem num conjunto de grades predeterminadas.

O uso de um tabuleiro especialmente projetado para o lançamento das pedras – uma circunferência ou mapa astrológico, por exemplo (veja páginas 78-81 e 82-85) – possibilita uma interpretação precisa do posicionamento de cada pedra. Você pode lançar seus cristais, ou jogar as cartas que acompanham este livro, sobre um desses tabuleiros ou desenhar você mesmo um tabuleiro simples na areia ou na terra. O próprio nome "geomancia" deriva da tradução de uma frase árabe que significa "a ciência da areia". Se fizer uma rápida pesquisa na internet, você vai encontrar muitos modelos diferentes de tabuleiro, cada um com seus próprios significados e tradições de uso, e poderá escolher o que mais lhe agrada.

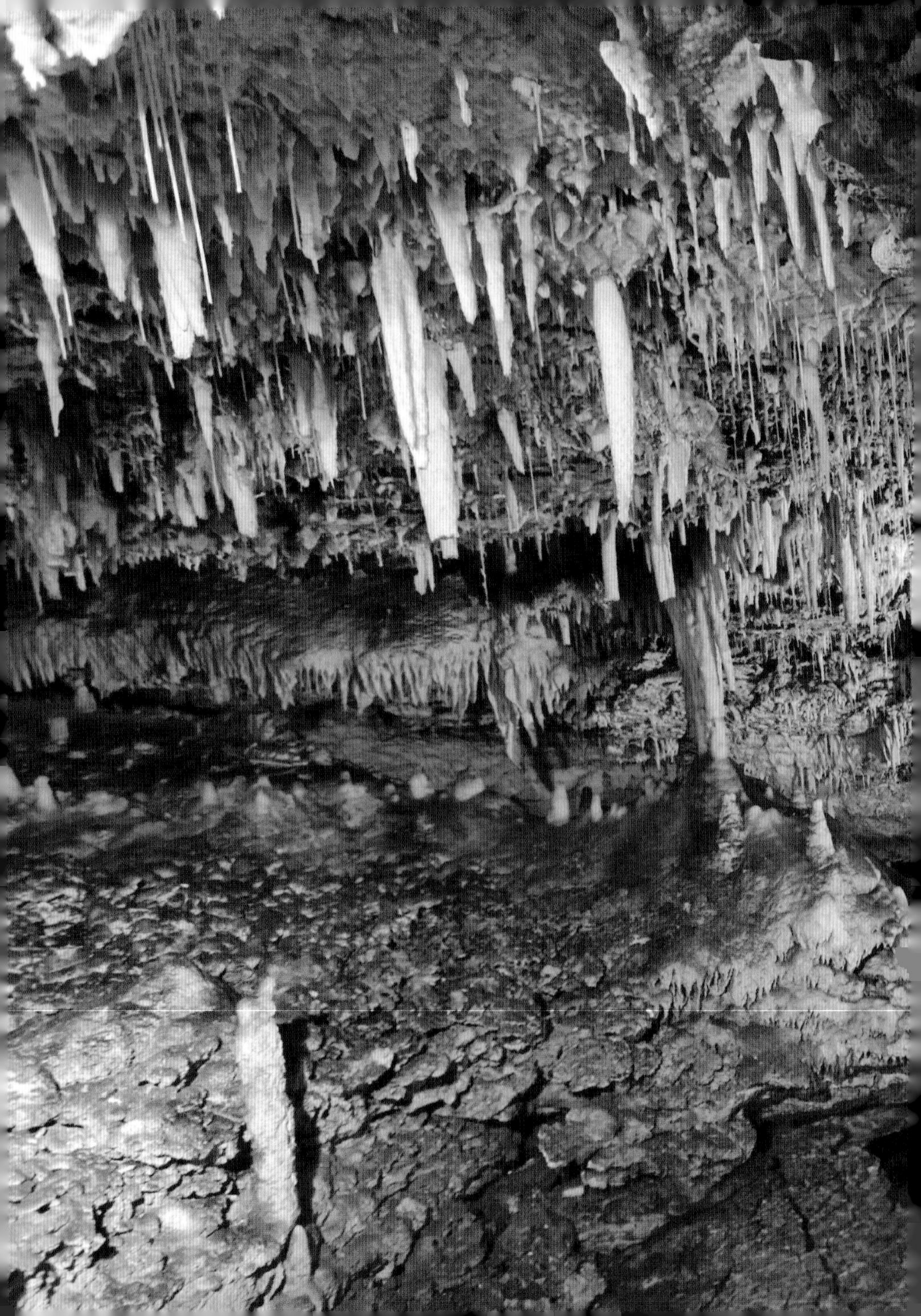

Percepção do tempo

A confusão vivida pelo ser humano – a verdadeira razão pela qual precisamos de oráculos – é causada pela nossa experiência do tempo como um fluxo linear, que vai do passado, para o presente e dali para o futuro. Existimos no presente e podemos nos lembrar do passado, mas o futuro só pode ser imaginado. Temos sempre a impressão de que estamos sempre avançando rumo ao desconhecido. E, no entanto, em outros estados de consciência, o tempo é mais elástico e flexível. Nos sonhos, por exemplo, o passado, o presente e o futuro interagem dentro da sua própria lógica, ecoando o segredo essencial da divinação: é possível libertar a mente dos limites do universo comum. Em outras palavras, a mente, não sendo uma entidade física, não é restringida pelas leis do tempo e do espaço.

Nossa experiência do tempo está muito ligada à velocidade da nossa taxa metabólica. Para uma criatura com um metabolismo rápido, como o coelho, uma hora parece se estender por uma eternidade, porque durante esse período de tempo ele pode praticar muitas atividades. Para um ser com um metabolismo mais lento – uma árvore, por exemplo –, um ano pode parecer equivalente à nossa noção de um único dia.

Uma vez formados, os cristais podem permanecer inalterados por milênios, caso não sofram a intervenção do homem. Que experiência temporal nos trazem os cristais? Provavelmente, a de ver toda a história da humanidade no espaço de um minuto! Por isso, os cristais não estão inseridos no fluxo do tempo. E também estão livres da restrição do espaço: embora cada cristal seja único em sua forma, sua estrutura interna é constante em todas as amostras do mesmo mineral, onde quer que sejam encontrados em todo o universo.

Esquerda:
Rochas e cristais se transformam tão lentamente que são quase atemporais, o que os torna forças poderosas no processo de divinação.

Acima e à esquerda:
Para as criaturas do reino animal, o fluxo de tempo real é vivenciado por meio do metabolismo corporal. Pequenos animais como borboletas têm metabolismo rápido e, portanto, uma expectativa de vida mais curta, ao passo que grandes animais como os elefantes têm metabolismo mais lento, o que resulta numa vida mais longa.

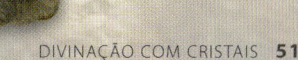

DIVINAÇÃO COM CRISTAIS

Técnicas de Visualização

Você, na verdade, não precisa ter uma coleção de cristais para obter os benefícios de usá-los para a cura ou a divinação. Apenas contemplar a imagem de um cristal, e se concentrar nela, pode ser suficiente para explorar os poderes e propriedades dessa pedra. Use as 36 cartas que acompanham este livro para começar sua prática de divinação. Com o tempo você pode escolher e comprar cristais específicos, se quiser, à medida que ganha conhecimento e experiência.

Meditação

Antes que possa realizar uma divinação com cristais ou tentar realizar uma sessão de cura, você deve se preparar, centrando-se e aterrando a sua energia (veja páginas 64-65). Você também deve preparar um espaço sereno para trabalhar (consulte a página 63). O mesmo vale se pretende meditar e se concentrar em imagens de cristais, a fim de aproveitar seus poderes e propriedades terapêuticas. A meditação pode ajudá-lo a alcançar um estado de consciência mais elevado que o normal, aguçando a sua intuição e deixando-a mais receptiva às respostas ou soluções apresentadas pelos cristais.

Quais cristais escolher?

Alguns cristais se prestam melhor à meditação do que outros. Pedras azuis são calmantes e ajudam a limpar a mente. A Água-Marinha, a Calcita Azul ou a Turquesa são boas escolhas para se alcançar um estado calmo e meditativo. Cristais transparentes ou roxos são uma boa opção, caso você queira elevar o seu estado de consciência para ajudá-lo a praticar a divinação com cristais: a Ametista ou o Quartzo Transparente seriam adequados nesse caso. O quadro da página ao lado traz outras sugestões de cristais específicos para se usar em determinadas situações.

Depois de selecionar seus cristais ou cartas, coloque-os na sua frente, sobre uma mesa. Para evitar distrações, convém colocar uma toalha de cor escura sobre a mesa primeiro, e preparar a sala com incenso e iluminação suave, ou qualquer outra coisa que o faça se sentir mais confortável e receptivo.

Reserve algum tempo para se acalmar e se concentrar, até sentir sua respiração começar a ficar mais lenta e profunda. Então, concentre-se na imagem do cristal com o qual deseja trabalhar e visualize sua energia saindo do cristal e entrando no seu corpo. Sinta-a fluir para o seu corpo à medida que a tensão de seus músculos diminui. Feche os olhos e sinta o poder relaxante e purificador do cristal fluindo para a sua cabeça, afastando todos os pensamentos e preocupações, até instaurar um estado de serenidade. Algumas pessoas preferem entoar um som repetitivo, como "Om", ou usar técnicas de respiração profunda ao meditar.

Depois de ter visualizado o cristal e entrado no estado meditativo, você estará pronto para receber e interpretar sinais ou mensagens que possam ajudá-lo em sua divinação com cristais.

Usando as cartas

As cartas que acompanham este livro são as imagens ideais para usar na visualização, no lugar das pedras de verdade. Selecione as cartas correspondentes aos cristais relevantes para o seu propósito ou faça exercícios de centramento e aterramento antes de escolher as cartas aleatoriamente, embaralhando e cortando o monte ou usando a sua intuição.

Cristais para usar na meditação

CRISTAL	ATRIBUTOS
Ametista	Facilita a visualização. Acalma e centra a mente para ajudar a aumentar a receptividade à divinação
Água-Marinha	Ajuda a promover a autoconsciência e a contemplação
Cornalina	Clareia a mente para ajudar a atingir um estado mais elevado de consciência. Ajuda com o foco e a concentração
Fluorita	Ajuda na concentração quando o ambiente não é propício à meditação. Ativa a mente para entender ideias abstratas
Jade	Exerce influência suave para neutralizar pensamentos negativos e promover a serenidade
Jaspe	Ajuda na concentração e na meditação profunda
Labradorita	Ajuda na visualização e na meditação
Lápis-Lazúli	Estimula áreas da mente usadas para alcançar uma consciência elevada. Promove a concentração e a contemplação
Pedra-da-Lua	Ajuda a manter um estado calmo, pacífico e receptivo à sabedoria e a receber e interpretar sinais e mensagens da mente subconsciente. Ajuda a induzir transes e promove a autorreflexão
Quartzo	Facilita a comunicação entre a mente consciente e o subconsciente. Ajuda a promover a concentração e o foco, e a alcançar um estado de consciência superior
Safira	Acalma e erradica distrações e pensamentos tumultuados. Ajuda no foco e na concentração

Direita: Se você não possui cristais, ainda pode se beneficiar dos poderes dessas pedras visualizando suas propriedades ativas enquanto se concentra nas suas imagens.

TURQUESA
Cor: Azul-claro, azul-esv
Qualidades: Fortalece,
Chakra: Garganta

Ametista
Cor: De violeta-claro até um roxo-escuro
Qualidades: Esclarece, acalma, integra
Chakras: Terceiro Olho, Coroa

ÁGUA-MARINHA
azul-esverdeado
estimula a expressividade, limpa
anta

A escolha da pedra pessoal

Sua pedra pessoal é aquela com a qual você sente uma conexão profunda. Você pode usá-la em divinações e processos de cura para fortalecer o vínculo entre você e a leitura das pedras. O consulente pode seguir vários critérios diferentes para escolher sua pedra pessoal, mas, se ele não estiver presente durante a sessão de divinação, o intérprete pode optar por escolher ele mesmo uma pedra para o consulente. A escolha da pedra pessoal pode ser feita de várias maneiras. Existem sistemas orientais e ocidentais que podem ser usados como base, ou você pode optar por uma abordagem intuitiva. Esses três métodos são descritos nas páginas a seguir.

Sistemas orientais

Nos primeiros textos ayurvédicos e tântricos, certas pedras eram relacionadas a partes específicas do corpo humano. Acreditava-se que o uso dessas gemas ajudasse a curar essas partes. Nove pedras eram associadas aos planetas e aos nodos lunares (pontos no espaço relacionados com o movimento da Lua e com o movimento aparente do Sol), e outras quatro pedras eram associadas ao corpo humano. A tabela a seguir mostra os planetas e as partes do corpo e cristais correspondentes, além de substitutos aceitáveis caso

Cristais associados aos planetas ou partes do corpo

PLANETA	PARTE DO CORPO	CRISTAIS ORIGINAIS	SUBSTITUTOS ACEITÁVEIS
Sol	Sangue	Rubi	Quartzo Rosa, Granada, Espinélio, Zircônia
Lua	Dentes	Pérola	Pedra-da-Lua, Quartzo
Mercúrio	Bile	Esmeralda	Água-Marinha, Jade, Turmalina Verde
Vênus	Ossos	Diamante	Pedras brancas
Marte	Intestinos	Coral	Cornalina, Jaspe Vermelho
Júpiter	Pele	Safira Amarela	Topázio, Citrino
Saturno	Olhos	Safira Azul	Ametista, Lápis-Lazúli
Rahu (nodo lunar norte)	Sêmen/óvulo	Granada Hessonita	
Ketu (nodo lunar sul)	Som	Olho-de-Gato (Crisoberilo)	
Nenhum planeta	Unhas	Turmalina	
Nenhum planeta	Vista/Fígado	Lápis-Lazúli	
Nenhum planeta	Corpo inteiro	Ágata	
Nenhum planeta	Baço	Quartzo	

Acima: Desde os tempos antigos, certos cristais são associados aos doze signos do Zodíaco.

Cristais associados aos signos do Zodíaco

Pedra	Signos principais	Signos secundários	Signos que deveriam evitar essas pedras
Rubi	Leão	Áries	Libra, Aquário
Pérola	Câncer	Touro	Escorpião, Capricórnio
Coral	Áries, Escorpião	Capricórnio	Câncer, Libra, Touro
Esmeralda	Gêmeos	Virgem	Peixes, Sagitário
Topázio	Sagitário, Peixes	Câncer	Capricórnio, Gêmeos, Virgem
Diamante	Libra, Touro	Peixes	Virgem, Áries, Escorpião
Safira Azul	Aquário, Capricórnio	Libra	Áries, Leão, Câncer
Ametista	Touro		Escorpião
Olho-de-Gato	Escorpião		Touro

Pedras do signo solar

Pedra do signo	Datas	Cristais
Áries	21/03 a 20/04	Diamante, Heliotrópio, Água-Marinha, Esmeralda
Touro	21/04 a 20/05	Esmeralda, Diamante
Gêmeos	21/05 a 20/06	Pérola, Pedra-da-Lua, Ágata, Esmeralda
Câncer	21/06 a 21/07	Rubi, Esmeralda
Leão	22/07 a 22/08	Rubi, Peridoto, Turquesa
Virgem	23/08 a 22/09	Opala, Turmalina, Peridoto
Libra	23/09 a 21/10	Opala, Turmalina, Safira, Topázio
Escorpião	22/10 a 21/11	Topázio, Opala, Água-Marinha
Sagitário	22/11 a 21/12	Turquesa, Granada, Topázio
Capricórnio	22/12 a 20/01	Granada, Turquesa
Aquário	21/01 a 19/02	Ametista, Granada, Rubi, Diamante, Jade
Peixes	20/02 a 20/03	Água-Marinha, Heliotrópio, Ametista, Jaspe

você não tenha os cristais sugeridos. As páginas 20-43 apresentam cristais de acordo com suas correspondências planetárias e você ainda vai obter mais informações nesta sessão sobre as propriedades de cada grupo planetário e também de cada pedra. Escolher uma pedra associada a uma parte específica do corpo é particularmente útil se o consulente estiver com problemas nesse local. A escolha do cristal relevante ajudará a aliviar a doença.

De acordo com o Ayurveda, a medicina tradicional da Índia, existem correspondências entre as pedras e os signos do Zodíaco. Certas pedras têm uma forte associação com certos signos principais, e com outros, secundários, embora essa última não seja uma ligação tão forte. Nesse sistema, existem pedras específicas que devem ser evitadas por alguns signos. A tabela do alto da página 56 mostra como escolher uma pedra usando esse sistema.

Sistemas ocidentais

No Ocidente, já havia desde o século V d.C. estudiosos que associavam as doze pedras que adornavam o peitoral do sumo sacerdote bíblico hebreu aos doze signos do Zodíaco. Mas foi apenas em 1912, numa reunião da Associação Nacional de Joalheiros dos Estados Unidos, que se chegou a um concenso a respeito da relação entre as pedras, os meses do ano e os signos do Zodíaco. (Veja tabela desta página e da página anterior.)

Pedras do signo lunar

Mês	Pedra do signo
Janeiro	Granada
Fevereiro	Ametista
Março	Heliotrópio, Água-Marinha, Jaspe
Abril	Diamante, Safira
Maio	Esmeralda, Ágata
Junho	Pérola, Pedra-da-Lua, Esmeralda
Julho	Rubi, Ônix
Agosto	Peridoto, Cornalina
Setembro	Safira
Outubro	Opala, Turmalina, Água-Marinha
Novembro	Topázio
Dezembro	Turquesa, Lápis-Lazúli, Rubi

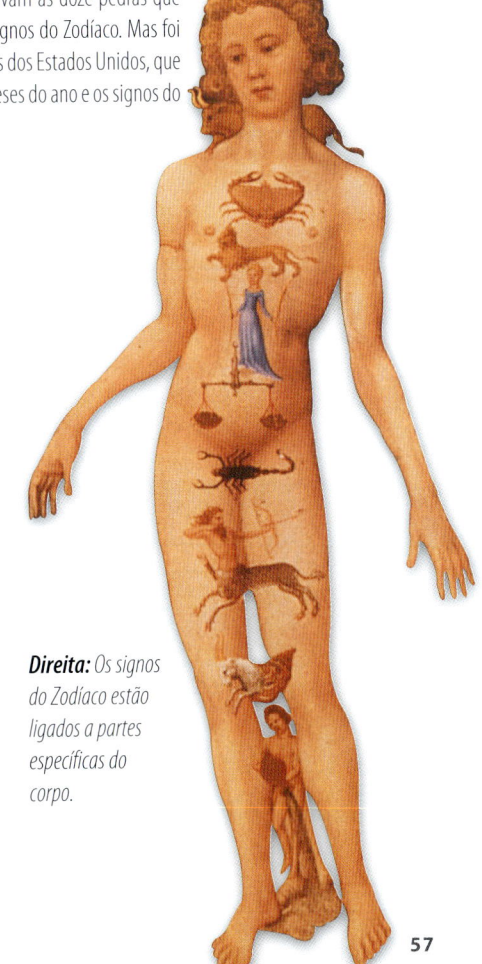

Direita: Os signos do Zodíaco estão ligados a partes específicas do corpo.

Outras maneiras de escolher sua pedra pessoal

Seguir as diretrizes dos métodos orientais ou ocidentais apresentadas nas páginas anteriores é apenas uma maneira de escolher sua pedra pessoal. Existem atualmente centenas de cristais à disposição nas lojas e feiras de cristais, e essa lista cresce a cada ano. Por isso você pode escolher sua pedra pessoal com base na beleza, na intuição, nas suas propriedades terapêuticas ou no acaso.

Preferências

Indiscutivelmente, a melhor razão para escolhermos uma determinada pedra pessoal é a atração que ela exerce sobre nós. Se desejamos alguma coisa, é porque isso causa uma mudança na nossa química interior, promovendo o nosso bem-estar. As preferências são, para cada um de nós, uma oportunidade para mostrarmos nossa individualidade. É verdade que as preferências mudam, e essa poderia ser uma razão para não escolhermos nossa pedra pessoal com base nelas. No entanto, como estamos constantemente

Acima: É grande a variedade de cristais e pedras preciosas disponíveis no mercado. Você tem muitas opções de escolha para selecionar sua pedra pessoal.

Direita: Não leve em consideração apenas a cor da pedra. Se você se sente atraído por uma forma em particular, ouça seus instintos.

mudando e crescendo, faz sentido que a nossa pedra pessoal mude junto conosco. Alguns de nós passam a vida toda escolhendo suas pedras com base na intuição. Muitas vezes essas pedras refletem traços importantes da nossa personalidade e dos nossos padrões de comportamento.

Cor

A cor é uma das características que mais nos atraem num cristal. Nossa reação instintiva à cor é tão automática que vale a pena observar as mudanças sutis que ocorre em nós diante das diferentes cores. Algumas reações tendem a ser emocionais, e variam desde algo como "Nossa! Este cristal é tão maravilhoso que eu poderia até comê-lo!" a "Tire isso da minha frente!" e tudo mais que houver entre uma reação e outra. O método a seguir pode ajudá-lo a escolher sua pedra pessoal com base nos seus instintos:

1. Disponha diante de você sua seleção de pedras ou cartas.
2. Feche os olhos e deixe a respiração ficar cadenciada.
3. Estabeleça a intenção de que, ao abrir os olhos, você vai se sentir atraído pelo cristal mais apropriado para ser a sua pedra pessoal.
4. Abra os olhos e preste atenção ao primeiro cristal que atrair o seu olhar.
5. O cristal sobre o qual seu olhar recaiu é a sua pedra pessoal.

Acima: *Você pode se sentir atraído por uma pedra da sua cor favorita ou até se surpreender ao optar por um cristal de uma cor que normalmente não lhe agrada.*

Este método pode ser usado para selecionar pedras pessoais para uma sessão de divinação ou para encontrar pedras que possam ajudá-lo durante longos períodos de tempo ou para fins particulares. Apenas certifique-se de que tem uma intenção clara em sua mente antes de selecionar a pedra.

Leitura para conhecer as qualidades das pedras

Algumas pessoas podem preferir uma abordagem mais lógica ao escolher pedras pessoais, e muito já foi escrito sobre as qualidades e usos possíveis dos cristais. Ler sobre diferentes cristais é uma boa maneira de obter uma avaliação global de como cada especialista descreve os poderes e propriedades dessas pedras. Se você decidir usar esse método para escolher o seu cristal pessoal, vale a pena consultar muitas fontes de informação, pois elas podem divergir um pouco. Alguns cristais vão combinar muito bem com as características da sua personalidade; estes provavelmente serão ótimas pedras pessoais. Outra abordagem seria selecionar sua pedra de acordo com as qualidades que você deseja desenvolver em si mesmo. Se quer ter mais paciência, por exemplo, uma pedra azul-escura seria sua melhor opção, e seria aconselhável evitar as pedras vermelhas, laranja e amarelas, que têm afinidade com o elemento Fogo. As cartas que acompanham este livro trazem uma lista de algumas das principais características dos cristais.

Seleção aleatória

A seleção aleatória de pedras pode ser a opção ideal em sessões de divinação ou para se escolher a pedra do dia. Os dois métodos a seguir funcionam bem nesse caso.

Método do cristal
1. Coloque todas as suas pedras dentro de um saco de pano.
2. Relaxe e desacelere a respiração.
3. Tenha a clara intenção de encontrar uma pedra pessoal para a divinação ou para aquele dia.
4. Coloque a mão no saco de pano e sorteie uma pedra.
5. Se quiser, você pode saber mais sobre as propriedades da pedra que escolheu usando as cartas; isso pode lhe fornecer conselhos ou orientações relevantes.

Método da carta
1. Corte um pedaço de papel para cada pedra que você tiver.
2. Escreva seu nome num dos papéis, embaralhe todos eles e coloque-os numa mesa, voltados para baixo.
3. Coloque uma pedra em cima de cada um dos papéis.
4. Quando houver uma pedra sobre cada papel, vire-os para cima até encontrar aquele onde seu nome está escrito. Este pode ser o seu cristal pessoal ou o seu cristal do dia. Busque o significado associado ao seu cristal para ter informações adicionais.

Abaixo:
Escolher uma pedra pessoal pela visão é o método mais fácil e intuitivo, pois nós normalmente nos sentimos atraídos pela pedra que atrai o nosso olhar.

A dureza dos cristais

Os cristais são classificados de acordo com a escala de Mohs, que indica a dureza relativa dos minerais, ou seja, a resistência que a pedra oferece quando é riscada. A escala de Mohs foi criada no século XIX por um geólogo alemão, mas a noção de comparar a dureza dos cristais riscando um mineral com outro existe desde os antigos gregos. O menos resistente, o talco, tem dureza 1 na escala de Mohs; enquanto o diamante, o mais resistente de todos, apresenta dureza 10. Os cristais são considerados "duros" quando sua pontuação é maior que 3; os cristais mais macios precisam de um tratamento mais suave ao serem manipulados.

A dureza de cada cristal

CRISTAL	DUREZA	CRISTAL	DUREZA
Abalone	3,5-4	Lápis-Lazúli	5,5
Amazonita	6-6,5	Malaquita	3,5-4
Âmbar	2-2,5	Moldavita	5
Ametista	7	Pedra-da-Lua	6-6,5
Água-Marinha	7,5-8	Obsidiana	6
Aventurina	7	Pérola	2,5-3,5
Azurita	3,5-4	Pirita	6,5
Heliotrópio	7	Jasper Vermelho	7
Ágata Rendada Azul	6,5	Cristal de Rocha	7
Cornalina	7	Quatzo Rosa	7
Celestita	3-3,5	Rubi	9
Citrino	7	Quartzo Rutilado	6-6,5
Diamante	10	Safira	9
Esmeralda	7,5-8	Schorlita (Turmalina Negra)	7,5
Fluorita	4	Quartzo Fumê	7
Granada	6,5-7,5	Sodalita	5,5-6
Hematita	5-6	Olho-de-Tigre	7
Jade	7	Topázio	8
Labradorita	6	Turquesa	5-6

Preparação para a divinação com cristais

Antes de usar seus cristais para qualquer finalidade, você precisa limpá-los a fim de garantir que estejam livres de todas as influências e energias externas. A maioria dos cristais duros (ou seja, que têm uma dureza acima de 3 na escala de Mohs, da página 61) pode ser lavada com água e sabonete. Os cristais mais macios talvez se danifiquem se forem lavados com água, por isso outros métodos de limpeza são necessários. Veja a seguir uma variedade de alternativas à lavagem com água.

Esquerda:
O uso de címbalos é um jeito fácil de limpar os cristais.

Som

O uso de sinos, címbalos ou tigelas cantantes é um método de limpeza muito fácil. Sons de alta qualidade e ressonância aguda ajudam a liberar os cristais de qualquer energia negativa. Se você preferir colocar seus cristais numa tigela cantante para purificá-los, certifique-se de pôr embaixo deles um pedaço pequeno de tecido, para evitar que arranhem quando mover a tigela.

Incenso

O incenso também é um método de limpeza muito fácil e eficaz. Para usá-lo, basta passar cada pedra através da fumaça do incenso várias vezes. Os incensos purificadores tradicionais, como o sândalo, o olíbano e o pinho, são os mais conhecidos, assim como a sálvia branca e os cedros, tradicionalmente usados pelos nativos norte-americanos para purificar seus espaços rituais. Outra opção é desidratar galhos de lavanda e queimá-los, pois assim eles exalam uma agradável fumaça aromática. Queimar folhas de louro também é uma ótima forma de limpeza com fumaça.

Sal

Não é aconselhável usar água salgada na limpeza, pois os cristais de sal alojam-se nas fendas da pedra e podem estragar sua superfície. O sal marinho seco pode, no entanto, ser usado; basta enterrar os cristais nele e deixá-los ali por 24 horas. Depois descarte o sal e limpe qualquer resíduo que tenha ficado nos cristais, usando um pano macio.

Esquerda:
O sal marinho pode ser usado para limpar cristais, mas não use sal refinado nem água salgada.

Como preparar o espaço físico

O espaço em que a divinação ocorre pode ser tão simples ou ornamentado quanto você quiser. E seguir uma rotina específica também pode ser muito útil para criar uma atmosfera ritual. Veja a seguir algumas sugestões sobre como preparar o seu espaço:

1. Cabe a você decidir se prefere ambientes claros ou escuros ao fazer a divinação. O que importa é que se sinta relaxado e seguro durante a sessão, pois assim será mais fácil ouvir a sua intuição.
2. Se quiser, você pode deixar um pequeno abajur ou uma vela acesa por perto.
3. Coloque uma toalha sob o tabuleiro, da cor da sua preferência. O preto é a cor mais usada em sessões de divinação, mas o vermelho e o dourado podem ser tons mais acolhedores.
4. Você também pode incluir no seu espaço objetos pequenos, como vasinhos de flores, talismãs ou imagens espirituais.
5. Se vai usar um tabuleiro divinatório, pode alinhá-lo com um ponto cardeal. Pode, por exemplo, alinhar a lateral norte do tabuleiro com o Norte da bússola. Esse detalhe é particularmente importante caso opte por usar o Tabuleiro da Bússola. (consulte a página 78). Você também pode ter uma preferência quanto ao lugar onde vai se sentar.
6. Pense também na melhor maneira de apresentar os seus cristais: numa bandeja, num saco de pano ou numa caixa.

Considerações finais

Quando seu espaço estiver arrumado, acenda uma vareta de incenso no local. Certifique-se de que não será perturbado pelo telefone ou campainha, ou por uma criança ou animal de estimação. Acenda a vela ou ligue o abajur quando começar a sessão. Quando a sessão estiver terminada, apague a vela ou desligue o abajur. Limpe todos os seus instrumentos e depois limpe seus cristais. Acenda outro incenso se quiser e deixe o cômodo vazio por um tempo.

À direita: O incenso tem propriedades de limpeza que ajudam a preparar o ambiente antes da sessão e a purificá-lo depois.

Equilibre a sua mente

A preparação pessoal do intérprete é o fator mais importante para garantir a clareza e a precisão da divinação. Depois da preparação do espaço físico, portanto, fique atento à preparação mental.

Centramento

Todas as técnicas de centralização ajudam a levar as energias pessoais a um ponto de equilíbrio e relaxamento. Ao praticá-las, você cria um distanciamento entre você e o ambiente que propicia clareza mental e equilibra as suas energias, aumentando sua intuição e incentivando o livre fluxo de informações. Veja a seguir uma técnica de centralização particularmente eficaz.

1 Sente-se em silêncio por alguns instantes, deixando que seu corpo relaxe e sua respiração fique mais lenta.
2 Leve a atenção para a sua respiração e depois para a sua coluna.
3 Imagine de cinco a dez vezes que o ar que você inspira e expira está subindo e descendo pela sua coluna.
4 Enquanto faz isso, imagine que a sua coluna é a única parte do seu corpo.
5 Depois de alguns minutos, traga sua atenção de volta ao ambiente que o cerca.

Aterramento

O exercício de aterramento liga você ao planeta. Essa conexão vai lhe garantir a energia necessária para uma boa sessão de divinação. Ela também vai proteger a sua energia pessoal, evitando que você absorva negatividade, especialmente se a divinação é para outra pessoa.

Veja a seguir uma técnica comprovada de aterramento.

1. Sente-se em silêncio por um minuto ou dois, deixando que seu corpo relaxe e sua respiração fique mais lenta.
2. Dirija a atenção para os seus pés.
3. Imagine que deles estão crescendo raízes e se espalhando pela terra.
4. A cada expiração, imagine que as raízes estão se aprofundando mais.
5. A cada inspiração, sinta a energia e a estabilidade da Terra preenchendo todo o seu corpo.
6. Depois de um minuto, traga a atenção de volta ao ambiente que o cerca.

O aterramento pode ser feito logo depois do exercício de centramento. Mas também pode ser praticado em qualquer momento da sessão, caso uma das partes se sinta cansada ou perca a concentração.

Dedicação

A maioria das pessoas que pratica a divinação gosta de dedicar seu trabalho antes de começar, embora isso seja, em grande parte, uma questão pessoal. Na sua forma mais simples, a dedicação pode ser um simples pedido de orientação para o universo como um todo. Ou, se necessário, pode ser algo mais elaborado. O que importa é que o ritual de dedicação faça sentido para quem o realiza. Se você não aderiu a nenhum conjunto específico de crenças, uma dedicação às mais elevadas energias da luz pode atender às suas necessidades. Qualquer dedicação que você escolha, deve ser feita com consciência e fé.

Aparência

Ao longo dos anos, Hollywood criou muitos estereótipos de clarividentes e médiuns, fazendo com que o público muitas vezes esperasse ver essas pessoas sempre vestidas com túnicas flutuantes ou outro traje ritual desse tipo. Numa sessão de divinação, porém, o que importa é que você se vista com cores ou estilos que o ajudem a criar uma atmosfera ritual.

Conclusão

Quando terminar a sessão, siga uma rotina que o ajude a criar uma distinção clara entre o tempo da sessão e a vida cotidiana.

1. O centramento e o aterramento são essenciais após a sessão.
2. Desligue o abajur ou apague a vela usada.
3. Guarde o tabuleiro e a toalha.
4. Limpe os cristais.
5. Lave as mãos, pois este é um gesto literal e simbólico de separação
6. Tire as suas roupas "de ritual".

Métodos de divinação com cristais

Existem muitas maneiras de praticar a divinação usando cristais. Nesta seção, vamos examinar alguns dos métodos mais conhecidos: o lançamento das pedras num tabuleiro divinatório, a escriação e a radiestesia com o pêndulo.

O Tabuleiro da Bússola

Este é um instrumento divinatório que ajudar o consulente a esclarecer o presente e o futuro. Quando lançadas no tabuleiro, as pedras caem numa determinada posição que é então interpretada, com base nas propriedades de cada cristal. Quando se usa este tabuleiro divinatório, as direções da bússola fornecem orientações para a interpretação (ver as páginas 74-75 para saber como os cristais são lançados e as páginas 75-81 para saber como o Tabuleiro da Bússola pode ser interpretado).

Evidências mostram que os povos antigos atribuíam significados mágicos e ritualísticos às quatro direções da bússola. A passagem do Sol através do céu era uma medida de tempo, e as direções em que o Sol e estrelas se erguiam no céu eram uma parte integrante dos rituais e outras práticas religiosas. Cada cultura atribuía seus próprios significados às direções, que eram associadas aos deuses e deusas, animais e elementos. As descrições a seguir são uma fusão de tradições chinesas, nativas norte-americanas e celtas.

NOROESTE
Essa direção abrange principalmente as interações sociais e as situações em que queremos ajudar os outros. As pessoas que são úteis para nós são representadas nesta direção também, assim como aquelas que consideramos professores ou conselheiros, e as que compartilham nossos ideais. As interações sociais podem resultar em atritos, por isso esta direção pode indicar a necessidade de se tomar cautela. As viagens também estão incluídas nesta direção.

OESTE
Esta direção abrange o modo com cuidamos de nós mesmos, em especial do nosso corpo. Talentos que precisam ser cultivados também podem ser representados por esta direção. Qualquer coisa que possa ser considerada valiosa para nós e que pode precisar de cuidados extras, como filhos ou o nosso planeta, pertencem à direção Oeste. No entanto, o impulso de cuidar de alguma coisa pode ser prejudicial – até mesmo destrutivo, se houver muitas demandas por parte da pessoa para quem queremos oferecer nosso carinho.

As escolhas também podem fazer parte da direção Oeste, principalmente as escolhas entre coisas com as quais nos importamos. A alegria de viver e a felicidade que sentimos quando vemos o desenvolvimento daqueles de quem cuidamos também são sentimentos representados nesta direção.

SUDOESTE
O sudoeste representa todos os aspectos dos relacionamentos, em especial aqueles com fortes laços emocionais. Essa é uma direção muito receptiva, que mostra que absorvemos as emoções dos outros. O Sudoeste é uma direção que representa particularmente o amor, tanto por nós mesmos quanto pelos outros. O amor é uma emoção que passa por momentos de turbulência e de remanso, por isso exige flexibilidade. Mesmo nos relacionamentos mais sólidos, os parceiros tendem a oscilar entre o amor e o desamor. O maior desafio num relacionamento é permitir que o outro seja ele mesmo. Essa direção é sempre associada à segurança e à confiança em nossos relacionamentos.

NORTE
Os talentos se reúnem no norte, proporcionando o florescimento do potencial pessoal.

Tempo e paciência são necessários, no entanto, para que ocorra a plena realização desse potencial. Além disso, precisamos ser capazes de aceitar e superar nossas próprias vulnerabilidades e fraquezas. Sem essa aceitação, não temos um terreno firme a partir do qual avançar.

NORDESTE
O nordeste está associado com a expansão dos limites do conhecimento. Para aqueles que sentem necessidade de se aperfeiçoar ou melhorar a situação em que estão, essa direção abrange a educação em todas as suas formas, desde as descobertas que fazemos na vida diária até conceitos filosóficos. Um modo de nos aperfeiçoarmos é reservar algum tempo para a introspecção. A quietude e a autorreflexão também estão associadas a essa direção.

LESTE
O leste representa as questões ligadas à família, bem como as relações entre grupos de indivíduos que interagem como uma família. Questões sobre responsabilidade também pertencem a essa direção, assim como com a tênue linha que separa o carinho da superproteção e daí para o sufocamento. No lado negativo dessas questões ligadas à responsabilidade, está o estresse causado pelo acúmulo de responsabilidades e que pode acarretar problemas de saúde. Mudanças no modo de encarar essas questões podem ajudar muito, assim como a comunicação mais frequente e eficaz, um fator-chave em famílias saudáveis.

SUDESTE
O sudeste está associado a todos os aspectos da prosperidade. A maioria das pessoas associa o termo "prosperidade" ao dinheiro (e essa direção certamente abrange essa forma de prosperidade), mas aqui nos referimos também a outras coisas que criam o sentimento de prosperidade. Para algumas pessoas, isso será saúde, filhos, felicidade ou amigos; para outras, o acúmulo de posses materiais será suficiente. Essa direção também se relaciona com a beleza natural e com a harmonia. Ela pode mostrar uma compreensão instintiva de como viver bem a vida e ficar em sintonia com o mundo.

SUL
O sul está associado ao reconhecimento pelo esforço que dedicamos ao nosso trabalho. Para obter qualquer nível de sucesso geralmente é preciso persistência, obstinação e uma ajuda da sorte. A fé na vida é necessária para que possamos ter a ousadia de recomeçar, sem a certeza do resultado. Falar a verdade é uma importante mensagem das energias do sul, e ela está direcionada principalmente a nós mesmos, pois se nos enganamos, pagamos um preço alto por isso.

O Tabuleiro Astrológico

Baseado nas casas astrológicas, o Tabuleiro Astrológico é outro instrumento divinatório que você pode usar para lançar cristais (consulte as páginas 74-75 para saber como os cristais são lançados, e as páginas 84-85 para uma descrição de como interpretar o Tabuleiro Astrológico).

Na Astrologia, as casas são subdivisões numeradas do mapa astral e indicam onde certa energias são mais evidentes na vida de um indivíduo. Tal como acontece com o Tabuleiro da Bússola, a posição em que os cristais caem, combinada com as propriedades de cada cristal, é analisada pelo intérprete.

PRIMEIRA CASA
Esta casa mostra como o consulente é visto pelos outros. Pode indicar também quais necessidades são fundamentais para a sobrevivência dele. Também mostra as qualidades que o consulente precisa começar a aceitar em si mesmo.

SEGUNDA CASA
Nossos valores e as formas pelas quais eles moldam nosso mundo são destaques nesta casa. Esses valores se dividem em duas categorias. A primeira categoria refere-se ao valor que damos à integridade e a segunda diz respeito à maneira como atraímos dinheiro e nossa atitude em relação a isso.

TERCEIRA CASA
Esta casa engloba viagens curtas e também a maneira como nos comunicamos em situações cotidianas. Ela também está associada ao sigilo e sugere que adotemos uma atitude mais desconstruída na vida.

DÉCIMA SEGUNDA CASA
O nosso mundo interior é evidenciado nesta casa. É nela que as partes ocultas da nossa personalidade podem sabotar os nossos planos. Para evitar isso, precisamos examinar nosso inconsciente, por meio da meditação e dos sonhos, e descobrir o que está escondido ali.

DÉCIMA PRIMEIRA CASA
Nossos amigos e conhecidos e as atividades que podemos praticar na companhia deles podem ser evidenciados nesta casa. Nossas atitudes com relação à nossa comunidade também são aspectos desta casa, assim como a vontade de servir sem visar nenhuma retribuição pelos nossos esforços.

QUARTA CASA
As causas de um problema ou de uma situação são evidenciadas nesta casa, assim como as preocupações ligadas a elas. Esta casa pode dar uma indicação do contexto emocional de uma questão, e a insegurança nesse caso pode levar a um grande medo. O ambiente doméstico é outra questão relacionada à quarta casa, assim como as mudanças de endereço e familiares. Essa casa também revela o que alguém espera do seu lar.

DÉCIMA CASA

Esta casa indica o *status* de uma pessoa aos olhos da sociedade. Também representa a maneira pela qual essa pessoa quer ser vista e, portanto, pode na verdade representar uma imagem criada por ela mesma. Essa casa mostra como realizar suas ambições e objetivos, e também pode mostrar que tipo de planejamento de longo prazo precisa ser feito.

NONA CASA

A aquisição de conhecimento é uma questão associada a esta casa. Assim como a difusão de informação através dos meios de comunicação e a aprendizagem através do estudo ou de viagens. Qualquer coisa que amplie os horizontes, incluindo o debate filosófico, também está presente nesta casa.

OITAVA CASA

Situações em que emoções profundas são trazidas à tona são evidenciadas nesta casa: morte, nascimento ou uma grande mudança na vida, por exemplo. Capacidades psíquicas que permitem a transferência de informações também podem surgir. Questões relacionadas a dinheiro também estão dentro dos parâmetros desta casa.

SÉTIMA CASA

Esta casa abrange os relacionamentos pessoais, profissionais e sociais, destacando todos os problemas associados a eles. Também pode indicar o tipo de papel que a pessoa desempenha em público ou em sua vida profissional. As reações a assuntos relacionados à lei também são mostradas aqui.

SEXTA CASA

As situações de trabalho do dia a dia e da saúde são representadas por esta casa. As habilidades que a pessoa pratica em seu trabalho e o tipo de trabalho de que ela gosta são destacados nesta casa. Ela também mostra onde o corpo está acumulando estresse.

QUINTA CASA

À primeira vista, esta casa parece abranger questões tão diferentes quanto hobbies, filhos, animais de estimação, criatividade, vida sentimental e jogos de azar. No entanto, depois de um exame mais atento, é possível ver que existe um fio ligando todos esses elementos: a diversão. Esta casa destaca a necessidade de termos alegria, de aproveitar a vida e assumir alguns riscos. Encontros românticos, flertes e relacionamentos passageiros também estão incluído aqui. Esta casa também destaca a nossa capacidade de nos expressarmos de forma criativa.

Escriação

A bola de cristal é a marca registrada das cartomantes. A escriação (a arte de ver o futuro numa bola de cristal) é uma maneira de prescrutar outros mundos, mas requer a interpretação hábil das imagens que aparecem. Uma bola de Cristal de Rocha ou de vidro é, por tradição, o artefato mais usado na escriação. Uma esfera de cristal pode ter um preço alto, particularmente se for perfeita, mas é melhor do que a esfera de vidro, pois pode ser carregada com uma energia de serenidade e acalmar a mente. O cristal natural, não polido, também pode ser usado se tiver uma faceta grande que possa ser contemplada. Esferas ou grandes discos de Obsidiana também podem ser boas ferramentas de escriação. Veja a seguir algumas regras para maximizar suas chances de praticar a escriação com sucesso.

- O instrumento de escrição é uma janela para descansar os olhos e a mente. Deixe-o numa posição em que você possa olhar para ele confortavelmente, sem forçar o corpo. Convém envolvê-lo com um tecido escuro, pois isso reduz a chance de distração.
- Prefira uma iluminação suave no ambiente, talvez uma vela, ou até mesmo a escuridão total. Posicione o instrumento de escriação, de modo que ele não reflita nenhum tipo de luz.
- Feche os olhos e concentre-se no propósito da sua divinação. Tudo o que você vê ou sente vai estar, de alguma maneira, relacionado à sua pergunta, então quanto mais clara for sua intenção, mais clara será sua resposta.
- Abra os olhos e olhe fixamente para o objeto. Não se concentre na superfície ou no interior dele; em vez disso, use-a como uma janela e olhe além dela. Mantenha seu olhar relaxado, mas fixo.
- Com a prática, uma mudança parecerá ocorrer na superfície, depois de algum tempo. Isso é muitas vezes descrito como uma névoa branca ou uma espécie de rodamoinho dentro do seu campo de visão. Neste ponto, é importante manter o foco na sua intenção, mas se manter relaxado e prestar muita atenção a tudo o que acontece, sem se concentrar muito em nada. É como olhar para as estrelas com a sua visão periférica ou para um desenho tridimensional na tela do computador.
- Tudo o que é percebido está dentro do olho da mente e não no espelho ou na bola. Por isso, qualquer agitação mental interromperá a visão.
- Depois que você tiver praticado a escriação por algum tempo, traga a mente de volta ao seu foco normal, cobrindo a superfície do instrumento com um pano, aumentando a iluminação e praticando um exercício de aterramento (veja página 65). A escriação produz um estado de transe, então é importante levar sua consciência de volta ao estado normal. Registre por escrito as suas experiências.

Acima: Qualquer ferramenta escolhida para a escriação, deve ajudar o intérprete a alcançar um estado de espírito sereno e receptivo.

Radiestesia com o pêndulo

Existem ótimos pêndulos de cristal. O pêndulo amplia os movimentos imperceptíveis da pessoa que o segura, até criar movimentos rotatórios ou de vai e vem. Esses movimentos são uma resposta física às sutis mudanças na energia do corpo. Os tipos de movimento que o pêndulo faz, particularmente para respostas do tipo "sim" ou "não", são individuais. Pode levar algum tempo para você aprender a decifrar as respostas pendulares.

Prática do pêndulo

O exercício a seguir serve para lhe mostrar que, se você deixar, o pêndulo segue seus olhos e seus pensamentos. Ao usar um pêndulo para determinar respostas do tipo "sim" ou "não", seus pensamentos devem ser os mais neutros possível, e seus olhos não devem estar focados no pêndulo, mas fitando além dele. Se você focar os olhos diretamente no pêndulo e observá-lo de perto, ele simplesmente balançará do modo que você quiser e a divinação não será precisa.

- Providencie um pêndulo de cristal que o agrade. Ele pode ser de qualquer tipo de cristal e do tamanho que você quiser. Para encontrar um pêndulo de cristal com o qual se sinta confortável, experimente vários tamanhos de cristal, balançando o pêndulo para verificar como se sente.
- Usando as setas desenhadas à direita como guia, balance o pêndulo sobre cada seta, concentrando-se na seta ao fazer isso. Você verá que, observando o pêndulo de perto, poderá movê-lo na direção das setas — um poder que você não deve usar durante a radiestesia!

Como encontrar sua resposta pessoal do tipo "sim" ou "não"

Depois de ter escolhido um pêndulo com o qual você se sinta confortável, siga os passos abaixo para determinar o movimento pelo qual o seu pêndulo indicará o "sim" e aquele pelo qual ele indicará o "não".

1. Encontre um lugar onde você não vá se distrair e se acomode numa posição confortável.
2. Com ambas as mãos, bata levemente no seu esterno (glândula do timo) com as pontas dos dedos, de dez a quinze vezes. Isso equilibrará temporariamente as energias do seu corpo, ajudando a aumentar a precisão da radiestesia.
3. Com o pêndulo numa mão, faça com que ele se mova para a frente e para trás.
4. Cubra o umbigo com a outra mão (isso liga você diretamente ao centro do sistema energético sutil do corpo).
5. Feche os olhos.
6. Concentre-se na sentença "Mostre-me a minha resposta 'sim'".
7. Depois de um curto período, abra os olhos e observe como o pêndulo está se movendo.
8. Repita os passos 2 a 5.
9. Concentre-se na sentença "Mostre-me a minha resposta 'não'".
10. Depois de alguns instantes, abra os olhos e observe o movimento do pêndulo.

Acima:
O pêndulo pode se mover de várias maneiras diferentes. Depois de ter estabelecido claras respostas "sim" e "não", você pode começar a identificar mais movimentos sutis de resposta, tais como "sim, mas..." ou "não, mas talvez mais tarde".

SUAS RESPOSTAS DO TIPO "SIM" OU "NÃO"

Observe quando as oscilações do pêndulo indicam um "sim" e quando indicam um "não". Se os movimentos de resposta forem muito parecidos, não se preocupe. Faça uma pausa por algumas horas e tente novamente, depois de dar algumas batidinhas na glândula do timo (veja o passo 2). Agora você está pronto para usar seu pêndulo para indicar "sim" ou "não". Antes de começar, no entanto, tenha em mente que:

- Se esperar muito um determinado resultado, respostas precisas serão improváveis.
- As perguntas precisam ter uma resposta do tipo "sim" ou "não". Por exemplo, "A resposta ao meu pedido de emprego vai chegar na segunda-feira?" Se a resposta for "não", você pode repetir a pergunta alterando o dia da semana, até que a resposta seja "sim".
- Se você fizer uma série de perguntas, mas não obtiver respostas precisas, tente reexaminar suas perguntas. Perguntas vagas produzem respostas vagas.

Lançamento dos cristais

Para fazer uma sessão completa, você precisará de pelo menos treze cristais diferentes. As pedras não devem ter mais do que 25 mm de comprimento. Depois de escolher seus cristais, é melhor usá-los apenas para a divinação. Desse modo, você manterá a sacralidade e pureza das pedras e se assegurará de que não ficarão impregnadas com influências diversas. Cada vez que as pedras são usadas, é importante limpá-las (consulte a página 62).

Ao lançar as pedras, você pode deixar os cristais caírem aleatoriamente no tabuleiro ou pode colocá-los de forma deliberada em áreas específicas. Se algumas pedras caírem fora do tabuleiro ao serem lançadas, isso tem um significado na divinação. Veja a seguir alguns métodos normalmente usados no lançamento de cristais num tabuleiro.

Agite e jogue

Selecione um total de treze cristais do conjunto de pedras que você tem à disposição. Você pode incluir sua pedra pessoal neste número ou selecionar treze pedras, além da sua pedra pessoal. Se os cristais forem pequenos, junte-os nas mãos e agite-os delicadamente. Enquanto estiver fazendo isso, concentre seus pensamentos na pergunta. Quando sentir que é a hora, solte os cristais no tabuleiro. Deixe que todas as pedras fiquem no lugar onde caíram.

Lance uma pedra por vez

Mantenha os cristais por perto, mas fora de vista, num saco de tecido ou caixa. Concentre-se na pergunta. Escolha um cristal e lance-o no tabuleiro. Repita esse processo até que tenha um total de doze ou treze cristais no tabuleiro. Lance a sua pedra pessoal por último. Com este método, a mente subconsciente ajusta-se ligeiramente a cada sessão e dá mais profundidade e precisão à divinação, especialmente se a pergunta for complexa.

Abaixo: Coloque o tabuleiro numa superfície grande o suficiente para conter todas as pedras que possam cair fora do tabuleiro, quando lançadas aleatoriamente.

Posicionamento de cada pedra

Reserve um instante para se concentrar no tabuleiro vazio com a sua pergunta em mente. Enfoque a primeira área onde você quer colocar uma pedra — talvez a área mais relevante para a pergunta em questão —, escolha uma pedra aleatoriamente e coloque-a dentro dessa área.

Prossiga com o mesmo procedimento até que cada área tenha uma pedra dentro dela. Se o seu cristal pessoal estiver entre as pedras, coloque-o no centro (para aumentar seu foco) ou use a intuição para escolher uma área.

Leitura direcionada

Com base nas informações sobre os cristais, fornecidas nas cartas que acompanham este livro (e descritas nas páginas 24-41), escolha as treze pedras que parecem refletir melhor o assunto relevante para sua pergunta. Essas pedras podem ser lançadas aleatoriamente no tabuleiro, ou você pode usar o método de posicionamento individual, descrito antes.

Usando as cartas

É muito fácil usar o método das cartas que acompanham este livro. Embaralhe-as e corte-as aleatoriamente, para ir sorteando cada uma das cartas, ou pegue uma carta por vez de cima do baralho e posicione-a no tabuleiro, assim como você faria com um cristal de verdade.

Interpretação dos cristais

A interpretação em qualquer tipo divinação só fará sentido se a pergunta for mantida em mente durante todo o processo. Só desse modo as informações fornecidas pelas pedras estarão relacionadas à pergunta em questão. Por exemplo, se a pergunta for sobre trabalho, mas a resposta for interpretada em termos de romance, ela não será útil, e provavelmente será enganosa.

A pessoa que faz a interpretação deve estudar as várias interpretações possíveis e, em seguida, verificar qual é a mais relevante para o consulente. Essa decisão é intuitiva e pode ser feita pelo intérprete sozinho ou junto com o consulente. É importante reconhecer que raramente há uma interpretação certa ou errada, apenas diferentes graus de possibilidade.

Tanto o Tabuleiro da Bússola quanto o Tabuleiro Astrológico têm palavras-chave, assim como cada um dos cristais. Quando você começar a interpretar as pedras, coloque junto os conjuntos de palavras-chave. Ambos os tabuleiros indicarão em que áreas da vida do consulente a energia ou questão provavelmente aparecerá, enquanto cada um dos cristais explicará qual energia ou problema está sendo destacado. Não desanime se no início você achar difícil interpretar as palavras-chave. Quanto mais praticar, mais fácil ficará. Sempre que usar um dos tabuleiros, convém anotar por escrito a pergunta em questão. Isso o ajudará a se manter focado e a fazer perguntas mais concisas.

As cartas que acompanham este livro também sugerem possíveis interpretações, de acordo com a área em que os cristais caem nos tabuleiros da Bússola ou Astrológico.

Grupos de cristais

Para que a interpretação dos cristais seja mais precisa, convém ter em mente certas informações complementares relacionadas às posições em que os cristais lançados aleatoriamente caem no tabuleiro. As regras a seguir se aplicam a cristais lançados nos tabuleiros da Bússola e Astrológico.

CRISTAIS QUE CAEM À CERTA DISTÂNCIA, FORA DO TABULEIRO
As energias sugeridas por estes cristais não estão relacionadas ao momento específico do lançamento, mas a um período a cerca de três meses à frente.

CRISTAIS QUE CAEM NA BORDA DO CÍRCULO, MAS PARCIALMENTE DENTRO DO TABULEIRO
Estes cristais indicam as energias que estarão chegando ou se dissipando nas semanas seguintes. Use a intuição para saber qual é o caso.

CRISTAIS QUE CAEM FORA DO TABULEIRO, MAS PERTO DA BORDA EXTERIOR
As energias desses cristais estão na periferia da pergunta e provavelmente farão parte da cena num período de duas semanas.

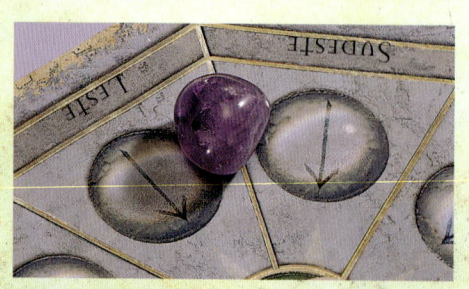

CRISTAIS QUE CAEM SOBRE AS LINHAS ENTRE AS ÁREAS OU DIREÇÕES DO TABULEIRO
Estes cristais estão influenciando as duas áreas ou direções, portanto ambas precisam ser levadas em consideração.

CRISTAIS QUE SE TOCAM DENTRO DA MESMA ÁREA OU DIREÇÃO DO TABULEIRO
Estes cristais estão inextricavelmente ligados e precisam ser interpretados juntos.

CRISTAIS QUE SE TOCAM, MAS ESTÃO EM DIFERENTES ÁREAS DO TABULEIRO
A energia do cristal indica que as duas áreas estão interligadas.

CRISTAIS QUE CAEM NO CENTRO DO TABULEIRO OU TOCANDO A PEDRA PESSOAL
Estes cristais têm uma relação estreita com o consulente e representam características muito pessoais.

GRUPOS DE CRISTAIS
Quando um grupo de cristais cai no mesmo lugar, isso significa que a área em questão está sendo enfatizada.

CRISTAIS LONGOS E FINOS
Estes cristais sugerem uma ligação entre as áreas ou direções do tabuleiro para as quais apontam.

MÉTODOS DA DIVINAÇÃO COM CRISTAIS

Como usar o Tabuleiro da Bússola

Aqueles que são iniciantes no lançamento de pedras podem sentir dificuldade para interpretar a posição dos cristais no tabuleiro, depois de lançados. Nesse caso, é aconselhável interpretar os cristais na sequência apresentada nas páginas a seguir (páginas 80 a 81), começando pelo sul e avançando no sentido horário, para terminar no sudeste.

À medida que você se familiarizar com o tabuleiro, e com as várias maneiras pelas quais as direções interagem com os cristais, poderá criar a sua própria sequência de leitura.

Se não tiver um Tabuleiro da Bússola, você pode lançar seus cristais no tabuleiro impresso aqui. Deixe as páginas tão planas quanto possível, para que os cristais fiquem exatamente onde caíram, ou use esse desenho como modelo para desenhar seu próprio tabuleiro numa folha de papel.

Consulte as páginas 76-77 para saber o significado dos cristais que caírem nas seguintes posições:

- fora dos limites do tabuleiro ou só parcialmente fora
- nas linhas entre as direções ou casas
- tocando-se, na mesma área ou em áreas diferentes
- no centro do tabuleiro
- tocando a sua pedra pessoal
- apontando numa determinada direção
- em grupos

Consulte as páginas 80-81 para saber o significado dos cristais que caírem em cada uma das direções ou casas.

MÉTODOS DA DIVINAÇÃO COM CRISTAIS **79**

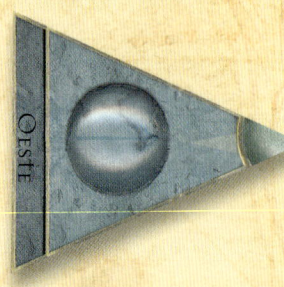

Sul

Palavras-chaves: Reconhecimento, sorte, começos, honestidade. Cristais que caem nesta direção mostram como obter reconhecimento. Em questões relativas à vida amorosa, procure usar cristais que indiquem persistência: estes podem ajudar a impulsionar o relacionamento. Cristais azuis aqui mostram a necessidade de deixar as coisas fluírem. Cristais vermelhos sugerem que é preciso começar de novo.

Sudoeste

Palavras-chave: Relacionamentos, receptividade, flexibilidade, compaixão, possessividade.
Cristais que caem nesta direção descrevem aspectos de qualquer tipo de relacionamento. Cristais cor-de-rosa representam o consulente na situação, enquanto cristais verdes indicam a qualidade do relacionamento.

Noroeste

Palavras-chave: Serviço, conselheiro, viagens, amigos, desentendimentos.
O Noroeste representa os amigos e a comunidade. Cristais violeta e cor-de-rosa apontam para áreas onde é possível ajudar os outros; cristais azuis sugerem que o consulente deve procurar aconselhamento especializado. Desentendimentos entre amigos também podem aparecer nesta direção, especialmente quando cristais pretos ou vermelhos estiverem presentes. Qualquer cristal nesta área pode indicar viagem.

Oeste

Palavras-chave: Cuidar, necessidades físicas, crianças, talentos, prazer.
Cristais que caem nesta direção destacam nossa capacidade de atender às nossas necessidades diárias. Isso pode se estender às pessoas e relacionamentos que precisam da nossa atenção. Cristais pretos, vermelhos ou transparentes aqui podem sugerir que as prioridades precisam ser reexaminadas. Cristais amarelos ou dourados sugerem que é preciso desenvolver habilidades pessoais.

Norte

Palavras-chave: Carreira, sabedoria, seguir com o fluxo, segurança, ponto fraco.
O Norte lida com a integração das várias facetas de uma questão para se chegar a uma conclusão bem-sucedida. Os cristais que caem aqui indicam os frutos de um trabalho árduo. Certos cristais podem sugerir tendências pessoais que inibem o sucesso se não forem observadas. Cristais amarelos e azuis indicam a necessidade de compartilhar conhecimento.

Nordeste
Palavras-chave: Educação, autodesenvolvimento, quietude, respiração.
Cristais que caem nesta direção destacam o que é necessário para melhorar uma situação; cristais específicos indicarão o que precisa ser feito. Por exemplo, pedras amarelas ou transparentes mostram que é preciso mais informação. Cristais que caem aqui também podem ajudar a responder a perguntas sobre a vida amorosa ou doenças.

Sudeste
Palavras-chave: Riqueza, prosperidade, harmonia.
Se a pergunta se referir a dinheiro, esta é a direção que se deve observar com mais atenção. Cristais amarelos e verdes representam um fluxo de prosperidade, mesmo se a leitura como um todo pareceu negativa. Aquilo de que é o consulente precisa para se sentir rico, seja dinheiro, saúde ou amor, é provável que seja mostrado aqui.

Leste
Palavras-chave: Família, relacionamentos, responsabilidade, saúde, limites pessoais
Todas as questões familiares estão representadas nesta direção. Cristais verdes e vermelhos indicam a necessidade de se respeitar o espaço de outras pessoas; pedras azuis e amarelas mostram a necessidade de se comunicar. Cristais pretos, vermelhos e transparentes sugerem problemas que precisam de atenção. Cristais violetas e cor-de-rosa indicam preocupações com a saúde.

Abaixo: Nas praias do Atlântico europeu, os Antigos erigiram círculos de pedra para que pudessem prever com precisão a passagem do tempo durante rituais.

Como usar o Tabuleiro Astrológico

Se você não tem um Tabuleiro Astrológico, pode lançar seus cristais no tabuleiro impresso nestas páginas. Procure deixar as páginas do livro tão planas quanto possível, para que as pedras fiquem no exato lugar onde caíram. Uma alternativa é usar a imagem do tabuleiro como modelo para desenhar um tabuleiro simples, de sua preferência, numa folha grande de papel. Tal como acontece com o Tabuleiro da Bússola, os iniciantes devem interpretar os cristais na sequência em que aparecem nas páginas 83-84, começando da primeira casa e avançando na direção anti-horária até chegar à décima segunda casa. Essa abordagem sistemática ajudará a evitar confusão.

Consulte as páginas 76-77 para saber o significado dos cristais que caem nas seguintes posições:

- fora dos limites do tabuleiro ou parcialmente fora
- nas linhas entre as casas
- tocando-se, na mesma área ou em áreas diferentes
- no centro do tabuleiro
- tocando a sua pedra pessoal
- apontando numa determinada direção
- em grupos

Consulte as páginas 84-85 para saber o significado dos cristais que caírem em cada uma das casas do Tabuleiro Astrológico.

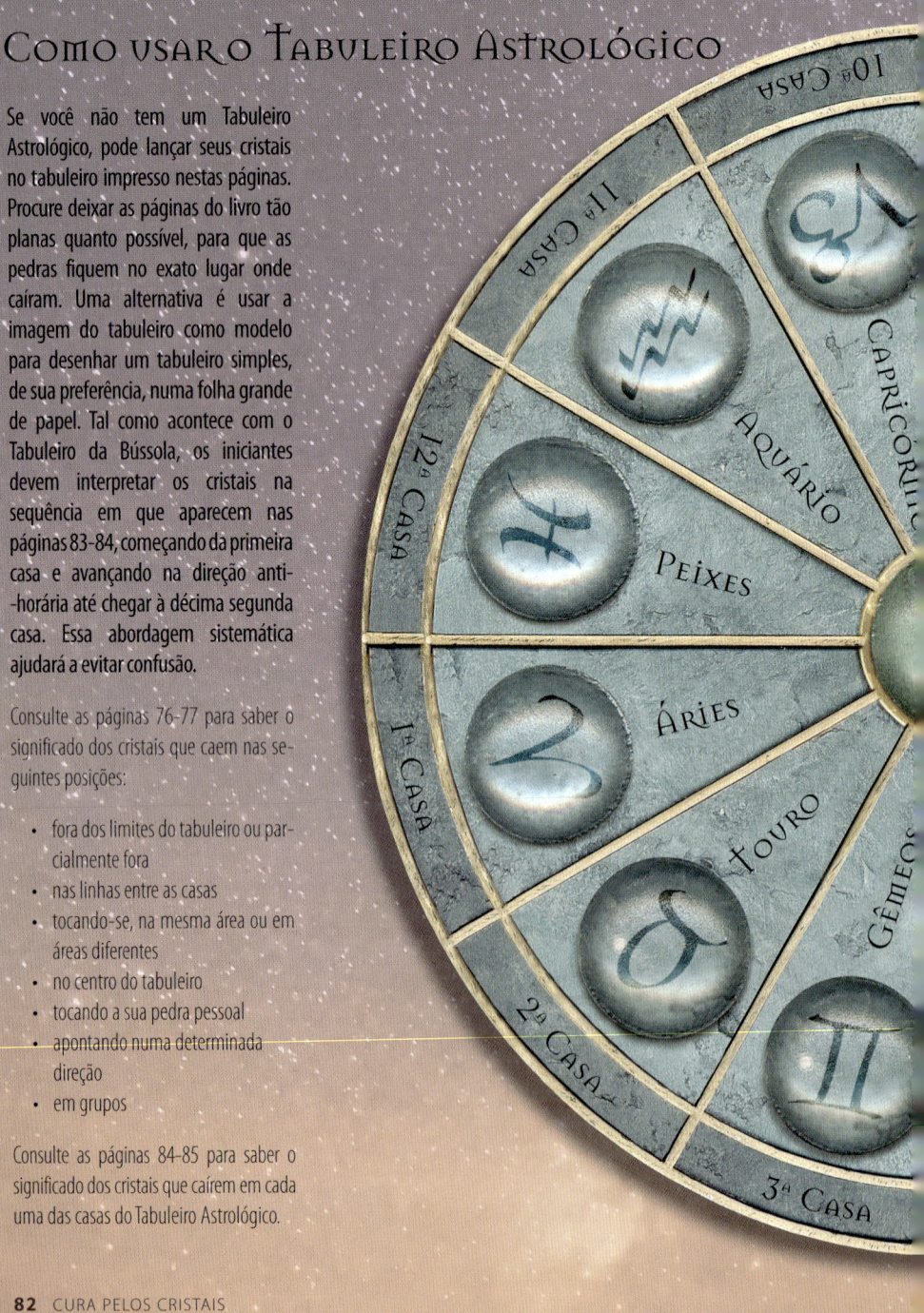

MÉTODOS DA DIVINAÇÃO COM CRISTAIS **83**

Primeira casa

Palavras-chave: Aparências, individualidade.
Cristais que caem aqui indicam as primeiras impressões que se tem de uma situação. Quaisquer considerações que o consulente tenha serão destacadas nesta casa.

Segunda casa

Palavras-chave: Dinheiro, possessões, valores.
Questões relacionadas a dinheiro precisam ser examinadas de perto. Cristais pretos, transparentes ou vermelhos podem indicar mudanças necessárias. Cristais azuis e verdes destacam a verdade e sugerem que os motivos e a honestidade precisam ser levados em consideração.

Terceira casa

Palavras-chave: Comunicação, família, fofoca, viagens.
Cristais que caem aqui estão associados à comunicação. Cristais transparentes, amarelos ou dourados indicam a necessidade de precisão. Cristais pretos, marrons e vermelhos mostram que a falta de comunicação está causando dificuldade.
Se cristais verdes caírem aqui é sinal de que é preciso dar atenção às questões familiares. Qualquer cristal que cair nesta casa indica viagem.

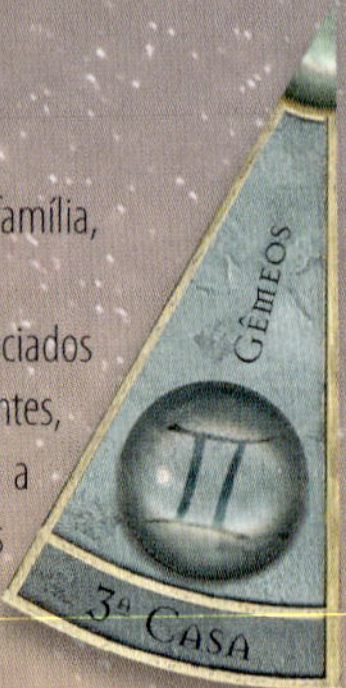

Quarta casa

Palavras-chave: Lar, antepassados, família, estabilidade, proteção.
Os cristais que caem aqui esclarecem a questão que preocupa o consulente. Os problemas da vida dele serão evidenciados. Procure situações que provoquem insegurança. Cristais azuis sugerem necessidade de independência. Cristais laranja, dourados ou vermelhos mostram que é preciso entrar em ação.

Quinta casa

Palavras-chave:
Criatividade, romance, lazer.
Qualquer cristal que caia nesta casa sugere que é preciso reservar mais tempo para o lazer. Cristais verdes e azuis indicam que é preciso passar mais tempo ao ar livre. Cristais cor-de-rosa, verdes e vermelhos sugerem romance. Cristais pretos sugerem talentos não descobertos.

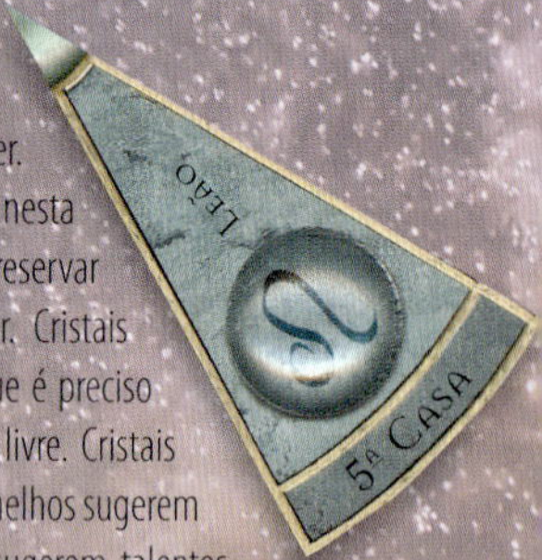

Sexta casa

Palavras-chave: Trabalho, cura, serviço, questões de saúde, ponto crítico.
Esta casa está associada ao trabalho e às questões de saúde. Cristais transparentes ou brancos sugerem que é preciso fazer um reajuste numa situação. Cristais violeta enfatizam questões de saúde.

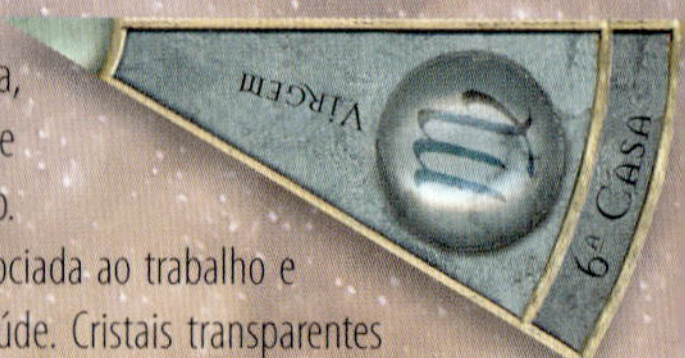

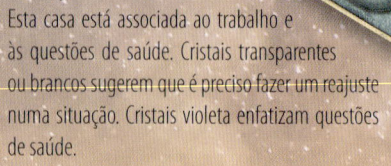

Sétima casa

Palavras-chave: Relacionamentos, parcerias.
Cristais que caem nesta área sugerem questões relacionadas a relacionamentos duradouros. Cristais verdes indicam necessidade de examinar o equilíbrio nos relacionamentos. Cristais pretos, transparentes ou vermelhos indicam mudança nesse aspecto.

Oitava casa

Palavras-chave: Finanças, términos, inícios, forças sutis, emoções profundas.
Esta casa pode indicar informações mediúnicas ou intuitivas, especialmente se cristais violeta, azul-escuros ou pretos caírem aqui. Se mais de um cristal cair nesta casa, isso indica que um acontecimento será adiado. Se a questão envolver dinheiro, cristais verdes e dourados sugerem a necessidade de se tomar uma decisão.

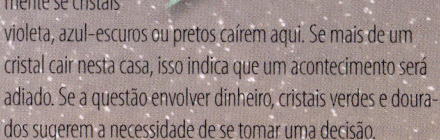

Nona casa

Palavras-chave: Educação, viagens, transmissão de informações, filosofia, expansão. Cristais nesta casa indicam que se pode usar um conhecimento adquirido em novas áreas. Mais de uma pedra nesta casa mostra que o consulente precisa expandir seus pontos de vista. Qualquer cristal aqui pode indicar viagens. Cristais azuis e amarelos convidam ao aprendizado de coisas novas.

Décima casa

Palavras-chave: Carreira, ambição, posição social, planejamento
Esta casa indica o auge de alguma coisa — carreira, relacionamento ou projeto. Cristais que caem nesta casa mostram fatores que afetam essas áreas. Também mostram como o consulente quer ser visto pelos outros. Objetivos também podem ser evidenciados aqui.

Décima primeira casa

Palavras-chave: Amigos, vida social, questões grupais, ideias.
A influência dos amigos é evidenciada nesta casa. Os cristais azuis indicam a necessidade de reavaliar o que está mesmo dando certo e verificar quem está influenciando o consulente. Cristais cor-de-rosa mostram a necessidade de demonstrar mais compaixão pelos seus conhecidos.

Décima segunda casa

Palavras-chave: Introspecção, silêncio, autossabotagem.
A interpretação do lançamento dos cristais pode ser mais difícil nesta casa. Cristais vermelhos sugerem a necessidade de se entrar em ação. Todos os outros cristais indicam áreas de autossabotagem como resultado de crenças pessoais.

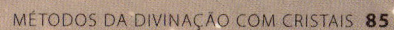

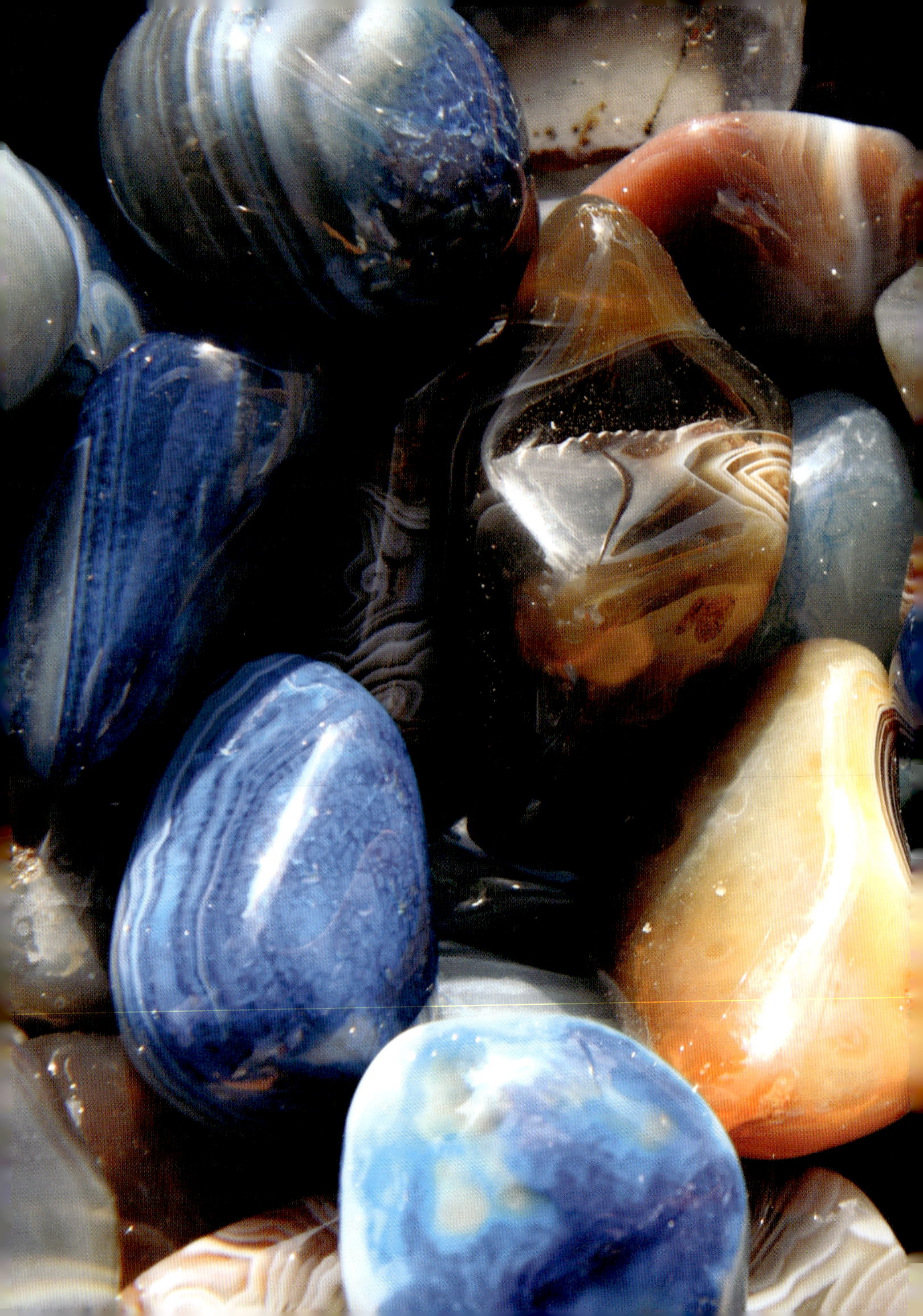

Magia com cristais

A magia é muitas vezes o próximo passo depois da divinação. A divinação nos permite fazer uma espécie de diagnóstico; a magia nos oferece um tratamento adequado. Na verdade, como a medicina, a magia consiste numa poderosa ferramenta, e, como o remédio errado, a magia errada pode fazer mais mal do que bem. Nas páginas a seguir são apresentadas três tipos de magia envolvendo cristais que podem ajudá-lo a melhorar certas áreas da sua vida. Use-os com sabedoria e cautela.

Invisibilidade e proteção contra o mal

Este encantamento vai protegê-lo de pessoas e situações que podem prejudicá-lo. Ele deve ser usado apenas em situações em que a invisibilidade trouxer benefícios, e não nos casos em que ficar invisível representaria um risco – como ao atravessar a rua, por exemplo!

Você vai precisar de:
- Um cristal transparente, como o Quartzo, a Calcita ou a Fluorita
- Uma pedra vermelha, uma pedra azul, uma pedra verde e uma pedra amarela
- Uma tigela ou jarro de água (uma vasilha com interior escuro funcionará melhor)

Coloque a tigela de água sobre uma mesa. Pegue a pedra vermelha (representando o elemento Fogo) e diga:

> Pedra de Fogo,
> reduza a cinzas
> todo mal que me assombra.

Repita essas palavras várias vezes enquanto segura a pedra sobre o seu plexo solar, que é o seu próprio centro de energia de fogo.

Coloque a pedra ao lado da tigela e diga:

> Me torne invisível ao mal.

Em seguida, pegue a pedra azul (representando o elemento Água) e diga:

> Pedra de Água
> dissolva, disperse, derreta
> todo o mal que me espreita.

Repita essas palavras várias vezes, mantendo a pedra abaixo do umbigo, que é onde fica o seu próprio centro associado à água.

Coloque a pedra no lado oposto da tigela com a pedra de Fogo e diga:

> Me torne invisível ao mal.

Agora pegue a pedra verde (representando o elemento Ar) e diga:

> Pedra do Ar,
> leve como folhas mortas
> maus pensamentos e intenções.

Repita essas palavras várias vezes, mantendo a pedra sobre o chakra do Coração, no meio do peito.

Coloque essa pedra à esquerda da pedra de Fogo, perto da tigela, e diga:

> Me torne invisível ao mal.

Pegue a pedra amarela (representando o elemento Terra) e diga:

> Pedra da Terra,
> defenda e esconda
> para que nenhum inimigo me encontre.

Repita essas palavras várias vezes, enquanto segura a pedra na base da coluna.

Coloque a pedra perto da tigela, do lado oposto à pedra verde, e diga:

> Me torne invisível ao mal.

Agora, pegue o cristal transparente nas mãos e diga:

> Como Fogo, nada pode me segurar
> Como Ar, não posso ser visto
> Como Água, contorno todos os obstáculos
> Como Terra, sou inabalável.

Fite a pedra transparente e repita as palavras "tão transparente quanto um cristal" várias vezes, enquanto imagina que todo o seu ser assumiu a mesma transparência da pedra. Quando essa imagem estiver clara, coloque cuidadosamente a pedra na tigela. Veja as suas bordas tornarem-se indistintas. Por fim repita as palavras "tão transparente quanto um cristal". Para terminar o feitiço, agradeça a cada elemento e guarde todos os objetos e pedras.

Usando as cartas

Você pode fazer este e os outros encantamentos usando as cartas que acompanham este livro, em vez de cristais de verdade. Escolha seus cristais e selecione as cartas correspondentes do baralho. Reserve algum tempo para visualizar os cristais mostrados nas cartas (consulte a página 52), então realize o encantamento, usando as cartas, assim como faria se estivesse usando pedras. Providencie uma tigela de vidro transparente, em vez daquela com um interior escuro, e coloque-a sobre um pano escuro ou outra superfície. Coloque a carta representando a pedra transparente sob a tigela, em vez de colocar um cristal dentro da água, de modo que você veja a carta através da água.

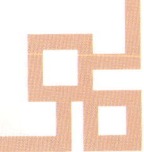

MAGIA COM CRISTAIS

Abundância e plenitude

Embora muitas vezes pareça ligada a fatores externos, a abundância é criada interiormente e em níveis sutis de pensamento e sentimento. Insatisfação, vazio e um sentimento de pobreza são indícios de que estamos separados e isolados das energias positivas do universo.

Você vai precisar de:

- Uma pedra vermelha
- Algumas pedras amarelas
- Algumas pedras verdes

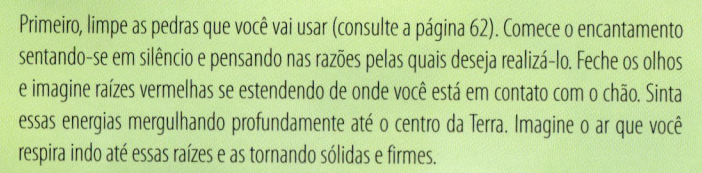

Primeiro, limpe as pedras que você vai usar (consulte a página 62). Comece o encantamento sentando-se em silêncio e pensando nas razões pelas quais deseja realizá-lo. Feche os olhos e imagine raízes vermelhas se estendendo de onde você está em contato com o chão. Sinta essas energias mergulhando profundamente até o centro da Terra. Imagine o ar que você respira indo até essas raízes e as tornando sólidas e firmes.

Agora diga as palavras:

Eu estou bem amparado.

Pegue a pedra vermelha e coloque-a no meio do espaço onde você está realizando o encantamento. Mais uma vez, diga as palavras:

Eu estou bem amparado.

Feche os olhos mais uma vez. Visualize raios, vigas ou fios dourados se irradiando do seu plexo solar. Veja-os fluindo de você, em todas as direções, envolvendo tudo ao seu redor, inclusive acima e abaixo. Sinta-se no centro de uma teia de luz dourada. Quando a imagem estiver bem forte, diga:

Eu estou abastecido.

Acima e abaixo:
Para os seus encantamentos, escolha pedras pelas quais você se sinta particularmente atraído. Selecionar pedras com um propósito especial vai infundi-las com a energia da sua intenção.

Pegue as pedras amarelas e organize-as em torno da pedra vermelha. Quando todas as pedras estiverem posicionadas, diga mais uma vez:

> Eu estou abastecido.

Agora feche os olhos mais uma vez. De uma área de luz do seu plexo solar, imagine uma muda brotando em direção ao seu coração. Ao chegar ali, ela forma um grande botão de flor verde. Enquanto você o observa, o botão abre lentamente as suas lindas pétalas verdes. A luz verde preenche todo o seu corpo e suavemente se irradia para o espaço ao seu redor. Diga:

> Eu sou abundante. Os desejos do meu coração são instantaneamente atendidos.

Quando você diz isso, as pétalas finais se abrem para revelar uma pedra preciosa ou um cristal verde brilhante no centro da flor. Se você tem um desejo em particular, concentre sua atenção na joia e pense nele. Quando estiver pronto, abra os olhos e coloque as pedras verdes num círculo concêntrico ao redor das outras pedras. Mais uma vez, diga:

> Eu sou abundante. Os desejos do meu coração são instantaneamente atendidos.

Sente-se e fite as pedras por um tempo. Agora você pode deixá-los no lugar ou bater palmas e limpar as pedras. Lembrar-se da joia dentro da flor durante o dia vai manter sua energia ligada a ela.

MAGIA COM CRISTAIS 91

Encantamento de cura

A doença surge quando há um acúmulo de energia em alguma região do corpo. Este encantamento é projetado para fazer esse excesso de energia ir para onde ele possa ser usado em seu benefício. A cura vem do paciente – o corpo vai recuperar a saúde assim que o coração e a mente estiverem focados.

Embora você possa conseguir sanar seus desequilíbrios no nível energético, é importante lembrar que o corpo físico pode levar muito tempo para se curar. Também é preciso reconhecer que os pensamentos positivos são tão poderosos quanto qualquer remédio. Por fim, lembre-se de que não é sensato criar muitas expectativas com relação aos resultados. Faça a sua parte e deixe o universo fazer o resto.

Se você estiver usando o encantamento de cura em outra pessoa, peça a permissão dela.

Você vai precisar de:
- Um espelhinho ou uma folha de papel com o contorno de um corpo desenhado
- O nome ou a assinatura e uma mecha de cabelo ou unha da pessoa que você deseja curar
- Uma seleção de cristais
- Uma vela
- Incenso
- Uma tigela de água
- Um punhado de sal refinado, sal-gema ou sal marinho

Primeiro, crie um espaço que represente a pessoa que você quer ajudar. Se tiver um espelhinho, use-o para representá-la. Uma alternativa é desenhar o contorno de um corpo ou uma forma oval simples numa folha de papel, para representar essa pessoa. Esse desenho representará tanto a forma física da pessoa quanto o campo áurico que a circunda. Se você tiver uma mecha de cabelo, a assinatura ou fotografia da pessoa, coloque-a sobre a sua representação e escreva o nome dela embaixo. Reserve um minuto para contemplar a representação e pensar na pessoa e sua situação. Em seguida, posicione cuidadosamente seus cristais e diga:

> Vocês, pedras, que são os ossos
> de todas as coisas
> em todos os lugares
> através das eras;
> vocês, pedras, que ajudam
> e curam
> venham até mim;
> vocês, espíritos de cura
> ouçam meu coração
> mostrem-me aqueles que
> podem ajudar [nome da pessoa]

Feche os olhos por um instante. Quando se sentir pronto, abra-os e olhe para as suas pedras. Algumas imediatamente chamarão a sua atenção. Escolha quatro delas e coloque-as de lado. Agradeça às pedras remanescentes e depois limpe-as. Sente-se e imagine-se cercado por uma aura azul-neon, especialmente nas mãos e nos dedos. Pegue cada pedra selecionada e passe lentamente sobre a representação da pessoa, visualizando os desequilíbrios e doenças sendo atraídos para o cristal. Se você quiser usar palavras para ajudá-la, basta dizer tudo o que lhe vier à mente. Você pode achar que certas áreas do corpo transmitem uma sensação diferente. Passe mais tempo nessas áreas, deixando sua intuição guiar você. Depois de ter percorrido toda a representação, os desequilíbrios dentro da pedra terão de ser devolvidos ao seu devido lugar, no universo. Existem quatro maneiras de se fazer isso: através do Fogo, do Ar, da Água e da Terra. Essas quatro maneiras funcionam com todas as pedras; a escolha de qual método usar com cada pedra fica a seu critério.

> ### Usando as cartas
> ◆◇◆
> Neste encantamento, use as cartas assim como usaria pedras, mas antes purifique a carta com a fumaça do incenso ou sal, no final do processo.

ATRAVÉS DO FOGO
Passe a pedra sobre a chama da vela e diga:
> Espírito do Fogo
> Espírito da Chama
> Restaure tudo para iluminar
> Restaure tudo para equilibrar

ATRAVÉS DA ÁGUA
Passe a pedra através de uma tigela de água e diga:
> Espírito da Água
> Oceano purificador
> Lave todos os detritos
> Lave toda a poeira.

ATRAVÉS DO AR
Passe o cristal através da fumaça do incenso e diga:
> Espírito do Ar
> Respiração da vida
> Traga pureza
> Traga alegria.

ATRAVÉS DA TERRA
Cubra a pedra com sal e diga:
> Espírito da Terra
> Chão onde piso
> Devolva a força
> Devolva o contentamento

Depois de ter passado pela limpeza, a pedra deve estar purificada de qualquer desequilíbrio absorvido durante o processo de cura. Se a pessoa estiver muito doente, você pode realizar o encantamento quatro vezes com cada pedra, limpando cada uma delas a cada vez. Jogue fora o sal e a água e apague a vela e o incenso, agradecendo a cada elemento por sua ajuda. Lave as pedras em água fria. Visualize uma aura azul em torno de você e veja-a se expandir e se dispersar. Repita essa magia todos os dias, se necessário.

ÍNDICE REMISSIVO

Números em **bold** referem-se as ilustrações

A

abalone 18, 19, 32, **32**
Ágata 54
   Ágata Rendada Azul 18, **26**
agrupamentos 76-7, **76-7**
Água-Marinha 18, 31, 31, 53
Amazonita 18, 38, **38**
Âmbar 19, 24, **24**
Ametista 17, **17, 35, 53**
associações planetárias 21, 22, 54, 57
   Júpiter 23, **35-7, 35, 36, 37, 54**
   Lua 23, 31-2, **31, 32, 54**
   Marte 23, 33-4, **33, 34, 54**
   Mercúrio 23, 26-7, **26**, 27, **54**
   Netuno 40, **40**
   Plutão 22, **41**, 41
   Saturno 23, 38, **38, 54**
   Sol 23, 24-5, **24, 25, 54**
   Terra 30, **30**
   Urano 39, **39**
   Vênus 23, 28-9, **28, 29, 54**
   Zodíaco 23
aterramento 65
Atlântida 15
autoimagem 29
Aventurina 18, 19, 39, **39**
Azurita **17**, 38, **38**

B

bolas de cristal 47, **47**, 70, **71**
Bússola, Tabuleiro da 66, **66-7**, 75, 76
   interpretação 80-1, **80-1**
   usando o 78, **78-9**

C

Calcita 12
calmante 27, 35, 36, 38, 39
campo áurico 15
cartas 52, 53, 75, 89, 92-3
Celestita **12**, 17, **18**, 40, **40**
centramento 64

cérebro 24, 25, 38
chakras 15, 16, **16**
   Base 19, 24, 25, 27, **30**
   Terceiro Olho 17, 27
   Coroa 17
   Coração 18, 30, 34, 37, 38
   Garganta 18, 27, 31, 37, 38, 40
   Plexo Solar 19, 24, 25, 39
   Sacro 19, 25
círculos de pedra **81**
Citrino 19, 24-5, **24**
comunicação 26, 27, 31, 36, 38
contas 46, **46**
cor 10, **10**, 12, 34, 59, **59**
Coral **54, 56**
Cornalina 19, **33**, 33, **53**
corpo, o dinamismo do 12
Correspondências ayurvédicas 54, 57
cristais 7
   características 10
   escolha 21, 52
   forma e estrutura 11
   formação 8, **9**, 10
   mudar **50**, 51
   tamanhos 10, **10**
cristais seminais 10
Cristal de Rocha **17**, 18, 19, 39, **39**
   ver também Quartzo
cristalização 8

D

decepção 31
dedicação 65
depressão 24, **32**
desequilíbrios emocionais 28
desintoxicação 24
Diamante **54, 56**
divinação 39, 43, 45
divinação com cristais
   a queda 47-8, 48

aprendendo 45
espaço 63
interpretação 45, 75-7, **76-7**
métodos **66-73**, 66-7, **68-9**, 71, 72
métodos antigos 46-7
técnicas de lançamento 47-9, **48**, 49, 74-5, **74**
papel do intérprete 45
preparações 62-5, **62, 63**
princípios 44
relacionamento 48
técnicas de visualização 52, **53**
término 65
dureza 61, **61**

E

emoções 32, 41
encantamento de abundância e plenitude 90-1, **90**
encantamento de cura 92-3
encantamento de invisibilidade e proteção contra o mal 88-9
energia de cura espiritual 15, **15**
energia do cristal 11
energia feminina 31
equilíbrio 35, 39
escriação 47, 70, **71**
Esmeralda **18**, 28, **28, 54, 56**
espíritos 44
estados dimensionais 41
estresse 12, 24, 29, 31, 38, 41
estresse emocional 12, 29, 31

F

ferro 26
Fluorita **17**, 40, **40, 53**

G

gemas **13**, 14
geomancia 49, **49**

Granada **8**, 19, 34, **34, 54**
Granada Hessonita **54**

H
harmonia **27**, 28, 34, 39
Heliotrópio 18, 19, 33, **33**
Hematita 19, 26, **26**

I
inconsciente 44

J
Jade **13**, **18**, 29, **29, 53**
Jaspe **19**, 30, 30, **53**
Jaspe Vermelho **19**, 30, **30**
Jung, Carl 44, **44**
Júpiter 23, 35-7, **35, 36, 37, 54**

L
Labradorita 17, 18, 19, 41, **41, 53**
Lápis-Lazúli 17, 18, 35-6, **35, 53, 54**
leitura direcionada 75
limpeza 62, **62, 63**
Lua 23, 31-2, **31, 32, 54**
luz, comportamento da 11-12

M
magia 87
 abundância e satisfação 90-1, **90**
 cura 92-3
 invisibilidade e proteção contra o mal 88-9
Malaquita **18**, 28-9, **28**
Marte 23, 33-4, **33, 34, 54**
meditação 27, 28, 35, 39, 40, 52, **53**
mente, equilibrando a 64-5
Mercúrio 23, 26-7, 26, 27, 54
métodos de cura 15, **15**
Mohs, escala de 61, **61**
Moldavita 17, **18**, 30, **30**

N
Netuno 40, **40**
nodos lunares 54, **54**

O
Obsidiana 19, 41, 41
olho-de-Tigre 17, 18, 19, 25, **25**

P
Pedra-da-Lua 19, 31, **31, 53**
pedras do signo 56, 57, **57**
pedras pessoais, escolha das 54, 58
 cor 59, **59**
 sistemas orientais 54, **54**, 57
 preferências 58-9, 58
 aleatório 60, **60**
 qualidades das pedras 59
 sistemas ocidentais **55, 56**, 57, **57**
 pêndulo, radiestesia com o 72-3, **72**
Pérola **18**, 19, 32, **32, 54, 56**
Pirita 19, 32, **323**
Plutão 22, 41, **41**
poder de cura 13
poder espiritual **14**
previsões 45

Q
Quartzo 10, **11**, 13, **13, 53, 54**
 ver também Cristal de Rocha
Quartzo Enfumaçado 19, 27, **27**
Quartzo Rosa **18**, 29, **29**
Quartzo Rutilado 17, 18, 19, 25, **25**

R
relacionamentos 29, 41
relaxamento 36, 40
Rendada Azul, Ágata 18, **26**
ressonadores de energia 12
rituais 13
Rubi **18**, 34, **34, 54, 56**

S
Safira **17**, 36, **36, 53**
Safira Amarela **5**
Safira Amarela **54**
Safira Azul **54, 56**
Saturno 23, 38, **38, 54**
Schorlita (Turmalina Negra) 19, 27, **27**

significado religioso **13**, **14**
simplicidade 12
sistema circulatório 26
sistema digestivo 24, 31, 32
sistema imunológico 37
sistema nervoso 24, 25
Sodalita 17, 18, 27, **27**
Sol 23, 24-5, **24, 25, 54**

T
Tabuleiro Astrológico 68, **68-9**, 75, 77
 influências astrológicas ver associações planetárias
 interpretação 84-5, **84-5**
 usando o 82, **82-3**
 técnicas de lançamento 48, 74-5, **74**
  a queda 47-8, **48**
  grade **49**, 49
  relacionamento **48**
 técnicas de visualização 52, **53**
 telepatia 27
 tempo 51, **51**
Terra 30, **30**
topázio 19, 36-7, **36, 56**
Turmalina 12, **54**
Turquesa 18, 37, **37**

U
Urano 39, **39**

V
Vênus 23, 28-9, **28, 29, 54**
viagem espiritual 26
vidência 39

Z
Zodíaco 23, **55, 56, 57**

Agradecimentos

Gostaríamos de agradecer à Shutterstock pela permissão de usar as seguintes fotos reproduzidas neste livro e nas cartas que o acompanham:
Páginas 1, 2-3, 5, 6-7, 9 (fundo), 10 (foto inferior), 11, 12 (fundo), 13, 14-15, 16-17 (fundo), 17 (Safira), 18 (Turquesa e Jade), 18-19 (fundo), 20-21, 22-23, 24-41 (fundo e imagens do planeta), 24 (Citrino), 25 (Olho-de-Tigre e Citrino), 26 (Ágata Rendada Azul e Hematita), 27 (Quartzo Enfumaçado e Soladita), 29 (Jade), 30 (Jaspe Vermelho), 33 (Cornalina), 34 (Rubi), 36 (Safira), 37 (Turquesa), 38 (Amazonita e Azurita), 39 (Aventurina), 41 (Obsidiana), 42-43, 44-45 (fundo), 46, 47, 49, 50-51 (fundo), 53 (pedras e imagens das cartas, incluindo fundo das cartas), 55 (fundo), 58, 59, 62, 63, 64-65, 66-69 (fundos), 70, 71 (fundo), 78-85 (fundos), 80 (pedras), 81 (foto inferior e pedras), 86-87, 88-93 (fundos), 88 (tigela e pedras), 89 (citrino), 90 (jade e amazonite), 91 (citrino), 92, 93, 94, 95, 96. Todos os fundos das caixas ao longo das **Cartas** Amazonita, Aventurina, Azurita, Ágata Rendada Azul, Cornalina, Citrino, Hematita, Jade, Obsidiana, Jaspe Vermelho, Rubi, Safira, Quartzo Enfumaçado, Soladita, Olho-de-Tigre, Turquesa.
Arte da **Capa** ilustração

Todas as outras fotografias e ilustrações pertencem à Quantum Publishing Ltd.

A Quantum pede desculpas por eventuais omissões ou erros.